基础会计实训

主　编　袁三梅　曾　理
副主编　黄　娟　洪煜娴
　　　　刘玲利　吴　雯
参　编　闵权凤　何　畅
　　　　袁　慧

北京理工大学出版社
BEIJING INSTITUTE OF TECHNOLOGY PRESS

内 容 简 介

本书是《基础会计（第3版）》（袁三梅、曾理主编，北京理工大学出版社，2018）的配套实训用书，按照《基础会计（第3版）》的项目顺序，逐项进行实训练习。实训练习包括单项选择题、多项选择题、判断题、问答题、业务题、案例分析题，以帮助同学们巩固已经学习过的基础会计知识，并进行手工做账训练。本书还对每一项目配有初级会计资格考试练习题，以帮助同学们顺利通过初级会计资格考试。

本书可作为高职高专院校会计类专业及其他财经商贸大类专业项目化教学的教材，也可作为会计从业人员及本科院校财会专业学生的学习用书。

版权专有　侵权必究

图书在版编目（CIP）数据

基础会计实训/袁三梅，曾理主编．—北京：北京理工大学出版社，2018.8（2021.8重印）
ISBN 978-7-5682-6062-6

Ⅰ．①基… Ⅱ．①袁… ②曾… Ⅲ．①会计学－高等职业教育－教材 Ⅳ．①F230

中国版本图书馆 CIP 数据核字（2018）第 179537 号

出版发行 / 北京理工大学出版社有限责任公司
社　　址 / 北京市海淀区中关村南大街5号
邮　　编 / 100081
电　　话 / （010）68914775（总编室）
　　　　　（010）82562903（教材售后服务热线）
　　　　　（010）68944723（其他图书服务热线）
网　　址 / http：//www.bitpress.com.cn
经　　销 / 全国各地新华书店
印　　刷 / 三河市天利华印刷装订有限公司
开　　本 / 787毫米×1092毫米　1/16
印　　张 / 15.5　　　　　　　　　　　　　　　　责任编辑 / 王玲玲
字　　数 / 358千字　　　　　　　　　　　　　　　文案编辑 / 王玲玲
版　　次 / 2018年8月第1版　2021年8月第3次印刷　责任校对 / 黄拾三
定　　价 / 43.00元　　　　　　　　　　　　　　　责任印制 / 李　洋

图书出现印装质量问题，请拨打售后服务热线，本社负责调换

前　言

本书是《基础会计（第3版）》（袁三梅、曾理主编，北京理工大学出版社，2018）的配套实训用书。教材结合当前高职教育教学特点和要求，将"理论""操作""考证"三方面的训练融为一体，将"自主学习与团队学习"融为一体，解决了基础会计课程需要配备习题册和手工实训教材两本辅助教材的问题，也解决了同学们缺少初级会计资格考试练习题的问题。本教材主要有以下特色：

1. 融"理论""操作""考证"为一体的训练。教材通过单项选择题、多项选择题、判断题、问答题、业务题、案例分析题对基础会计知识进行练习，帮助学生巩固、检测已经学习过的知识。业务题中要求同学们进行手工做账练习，既巩固理论知识，又进行手工做账训练。针对初级会计资格考试，教材配有初级会计资格考试练习题，以帮助同学们顺利通过初级会计资格考试。

2. 融"自主学习与团队学习"为一体的训练。教材通过"练一练"让同学们进行练习，再通过"对一对"让同学们对照练习题答案进行批改，对完答案了要进行归纳总结，看看自己要重点复习的题目及知识点有哪些。最后通过"测一测"完成初级资格证考试练习题，通过初级资格证练习题解析"评一评"，发现对于考证自己还有哪些漏洞。本书将练习题答案及资格证练习题解析单独结集成册，方便同学们练习时比对。教材中的案例分析题需要共同讨论，并且要求对小组讨论的经典内容进行记录，以培养高职学生的团队精神。全书突出学生的自主学习与团队学习的训练，满足高职教育要求。

3. 内容新颖，可操作性强。教材以国家最新的会计准则和会计制度为依据，注重知识更新。初级会计资格考试练习题选取按照初级会计从业资格考试的要求，选取最新的例题；业务题的实训项目围绕企业基本经济业务，选取常见的会计核算业务，附有实训所需大量的原始凭证等资料，具有很强的操作性。

本书由江西工业贸易职业技术学院高级会计师、教授袁三梅和无锡太湖学院副教授曾理担任主编，江西外语外贸职业学院黄娟、洪煜娴、刘玲利、吴雯担任副主编，江西外语外贸职业学院闵权凤、何畅和江西工业贸易职业技术学院袁慧老师参与本书的编写。编写分工如下：项目一由袁三梅、何畅编写；项目二由刘玲利编写；项目三由吴雯编写；项目四由洪煜娴编写；项目五由闵权凤编写；项目六由黄娟、袁慧编写；袁三梅、曾理进行了全书的修改和总纂。

本书在编写过程中参考了大量文献和资料，在此向相关作者表示感谢！由于水平有限，时间仓促，书中难免存在疏漏和不足之处，敬请读者和各界同仁提出宝贵意见和建议，以便修订时加以完善。

编　者

目 录

项目一 熟悉会计入门知识,带你走进会计世界 ·· (1)
    一、实训目标:学习目的与要求 ·· (1)
    二、练一练:实训练习题 ·· (1)
    三、测一测:初级会计资格考试练习题 ··· (6)

项目二 反映经济业务,掌握填制与审核原始凭证的方法 ······························ (10)
    一、实训目标:实训目的与要求 ·· (10)
    二、实训准备:实训器材与用具 ·· (10)
    三、练一练:实训练习题 ·· (10)
    四、测一测:初级会计资格考试练习题 ··· (20)

项目三 记录经济业务,掌握填制与审核记账凭证的方法 ······························ (23)
    一、实训目标:实训目的与要求 ·· (23)
    二、实训准备:实训器材与用具 ·· (23)
    三、练一练:实训练习题 ·· (23)
    四、测一测:初级会计资格考试练习题 ··· (42)

项目四 汇总经济业务,掌握登记账簿的方法 ·· (48)
    一、实训目标:实训目的与要求 ·· (48)
    二、实训准备:实训器材与用具 ·· (48)
    三、练一练:实训练习题 ·· (48)
    四、测一测:初级会计资格考试练习题 ··· (58)

项目五 提供经济活动信息,掌握编制会计报表的方法 ································· (66)
    一、实训目标:实训目的与要求 ·· (66)
    二、实训准备:实训器材与用具 ·· (66)
    三、练一练:实训练习题 ·· (66)
    四、测一测:初级会计资格考试练习题 ··· (77)

项目六　展示学习成果，进行会计工作过程的基本技能综合实训 …………（83）
　　一、实训目标：实训目的与要求…………………………………………（83）
　　二、实训准备：实训器材与用具…………………………………………（83）
　　三、练一练：实训练习题…………………………………………………（83）
　　四、测一测：初级会计资格考试练习题………………………………（121）
参考文献 ………………………………………………………………………（137）

项目一

熟悉会计入门知识，带你走进会计世界

一、实训目标：学习目的与要求

通过实训，使学生进一步理解会计的特点、职能、对象和目标，进一步理解并掌握会计核算方法，了解会计人员职业素质要求，掌握会计入门知识，为今后参加初级会计资格考试奠定基础。

二、练一练：实训练习题

（一）单项选择题

1. 属于行政职务的是（　　）。
   A. 总会计师　　　　B. 高级会计师　　　　C. 会计师　　　　D. 初级会计师
2. （　　）是职业道德的基础。
   A. 爱岗敬业　　　　B. 诚实守信　　　　C. 办事公道　　　　D. 坚持原则
3. 爱岗敬业，首先要（　　）。
   A. 勤奋努力　　　　B. 守身养心　　　　C. 淡泊名利　　　　D. 热爱本职工作
4. 会计是以（　　）为主要计量单位，反映与监督一个单位的经济活动的一种经济管理工作。
   A. 实物　　　　B. 货币　　　　C. 工时　　　　D. 劳动耗费
5. 在大中型企业，总会计师或财务总监应由具有（　　）任职资格的人员担任。
   A. 总会计师　　　　B. 高级会计师　　　　C. 初级会计师　　　　D. 会计员
6. 会计的基本职能是（　　）。
   A. 核算和管理　　　　B. 控制和监督　　　　C. 核算和监督　　　　D. 核算和分析
7. （　　）职能是会计最基本的职能。
   A. 预测和决策　　　　B. 分析和检查　　　　C. 核算　　　　D. 监督
8. 下列关于会计职能的说法，不正确的是（　　）。
   A. 会计监督是会计核算的基础
   B. 会计监督是会计核算质量的保证

C. 没有会计核算所提供的信息，监督就失去根据
D. 会计还具有预测经济前景、参与经济决策、评价经营业绩等功能

9. 会计的一般对象可以概括为（　　）。
　A. 经济活动　　　　　　　　　　　B. 再生产过程中的资金运动
　C. 生产活动　　　　　　　　　　　D. 管理活动

10. 下列不属于会计核算范围的事项是（　　）。
　A. 用银行存款购买材料　　　　　　B. 生产产品领用材料
　C. 企业自制材料入库　　　　　　　D. 与外企业签订购料合同

11. 会计核算中用来总括反映企业一定时期内财务状况和经营成果的专门方法是（　　）。
　A. 设置账户　　　B. 成本计算　　　C. 登记账簿　　　D. 编制会计报表

12. （　　）是将一个会计主体持续经营的生产经营活动人为划分成若干个相等的会计期间。
　A. 会计时段　　　B. 会计分期　　　C. 会计区间　　　D. 会计年度

13. 会计主体假设规定了会计核算的（　　）。
　A. 时间范围　　　B. 空间范围　　　C. 期间费用范围　　　D. 成本开支范围

14. 建立货币计量假设的基础是（　　）。
　A. 币值变动　　　B. 人民币　　　C. 记账本位币　　　D. 币值不变

15. 货币计量明确了会计的（　　）。
　A. 经济业务的共同尺度　　　　　　B. 市场尺度
　C. 计量尺度　　　　　　　　　　　D. A 和 B

16. 明确（　　）是组织会计核算工作的首要前提，因为它界定了会计活动的空间范围和会计人员的责权范围。
　A. 会计主体　　　B. 持续经营　　　C. 货币计量　　　D. 会计分期

17. （　　）是指在正常情况下，会计主体的生产经营活动按既定的经营方针和预定的经营目标会无限期地经营下去，在可预见的未来，不会停产倒闭。
　A. 会计主体　　　B. 持续经营　　　C. 货币计量　　　D. 会计分期

18. 关于会计主体说法不正确的是（　　）。
　A. 可以是独立法人，也可以是非法人
　B. 可以是一个企业，也可以是企业内部的某一个单位
　C. 可以是单一的子公司，也可以是由几个子公司组成的企业集团
　D. 当企业与业主有经济往来时，应将企业与业主作为同一个会计主体处理

19. （　　）是对会计信息最重要的质量要求。
　A. 客观性　　　　　　　　　　　　B. 相关性、可理解性、可比性
　C. 实质重于形式　　　　　　　　　D. 重要性、谨慎性和及时性

20. 下列原则中不属于信息质量要求的原则是（　　）。
　A. 客观性原则　　B. 可比性原则　　C. 配比原则　　　D. 相关性原则

21. （　　）是指企业应当按照交易或者事项的经济实质进行会计确认、计量和报告，不应仅以交易或者事项的法律形式为依据。
　A. 客观性　　　　　　　　　　　　B. 相关性、可理解性、可比性

C. 实质重于形式　　　　　　　　　　D. 重要性、谨慎性和及时性。

22. 2019年9月20日采用赊销方式销售产品50 000元，12月25日收到货款存入银行。按收付实现制核算时，该项收入应属于（　　）。
   A. 2019年9月　　B. 2019年10月　　C. 2019年11月　　D. 2019年12月

23. 2019年3月20日采用赊销方式销售产品60 000元，6月20日收到货款存入银行。按权责发生制核算时，该项收入应属于（　　）。
   A. 2019年3月　　B. 2019年4月　　C. 2019年5月　　D. 2019年6月

24. 2019年9月1日采用赊购方式购买原材料70 000元，11月25日支付货款。按收付实现制核算时，该项支出应属于（　　）。
   A. 2019年9月　　B. 2019年10月　　C. 2019年11月　　D. 2019年12月

25.《企业会计准则——基本准则》规定企业应当以（　　）为基础进行会计确认、计量和报告。
   A. 收付实现制　　　　　　　　　　B. 权责发生制
   C. 现收现付制和应收应付制　　　　D. 任意

（二）多项选择题

1. "会计"一词在现实生活中包括的含义有（　　）
   A. 会计人员　　B. 会计工作　　C. 会计学　　D. 会计机构

2. 会计信息主要是通过财务报表来反映的。我们日常用的财务报表有（　　）。
   A. 资产负债表　　B. 损益表　　C. 现金流量表　　D. 附表

3. 会计专业技术资格分为（　　）。
   A. 初级资格　　B. 中级资格　　C. 高级资格　　D. 特级资格

4. 下列关于会计的说法正确的是（　　）。
   A. 本质上是一种经济管理活动　　　　B. 以货币为主要计量单位
   C. 针对特定主体的经济活动　　　　　D. 对经济活动进行核算和监督

5. 下列属于遵守会计职业道德的有（　　）。
   A. 爱岗敬业　　B. 吃苦耐劳　　C. 遵纪守法　　D. 诚实守信

6. 忠于职守、尽职尽责，要求会计人员忠实于（　　）。
   A. 自己　　　　　　　　　　　　　B. 家人和亲戚朋友
   C. 社会公众　　　　　　　　　　　D. 国家

7. 下列各项关于会计核算和会计监督之间的关系说法正确的有（　　）。
   A. 两者之间存在着相辅相成、辩证统一的关系
   B. 会计核算是会计监督的基础
   C. 会计监督是会计核算的保障
   D. 会计核算是会计监督的保障

8. 下列各项中，应当进行会计核算的有（　　）。
   A. 接受投资人的投资　　　　　　　B. 从银行借入两年期借款
   C. 与其他单位签订购买原材料的合同　　D. 销售商品收到款项存入银行

9. 下列业务不属于会计核算范围的事项是（　　）
   A. 用银行存款购买材料　　　　　　B. 编制财务计划

C. 企业自制材料入库 D. 与外企签订购料合同

10. 会计核算的内容是指特定主体的资金活动，包括（　　）等阶段。

A. 资金的投入 B. 资金的循环与周转

C. 资金的存储 D. 资金的退出

11. 下列各项中，属于会计信息使用者的有（　　）。

A. 投资者 B. 债权人

C. 企业管理者 D. 政府及其相关部门

12. 会计对大量的经济业务通过（　　）等工作，向会计信息使用者提供利润表和资产负债表来满足会计信息使用者的需要。

A. 确认 B. 计量 C. 记录 D. 报告

13. 下列属于会计核算的具体方法的是（　　）。

A. 设置会计科目和账户 B. 复式记账

C. 填制和审核会计凭证 D. 登记账簿

14. 会计的方法是从会计实践中总结出来的，主要包括（　　）。

A. 会计核算方法 B. 会计分析方法 C. 会计检查方法 D. 会计记账方法

15. 会计核算七种方法相互配合、互为依存，构成了互相联系、相互配合、缺一不可，但又各具特色的方法体系。其中主要是（　　），这三项活动周而复始、循环往复，构成了会计循环。

A. 设置账户和复式记账 B. 填制和审核会计凭证

C. 登记账簿 D. 编制会计报表

16. 下列项目中，属于会计基本假设的有（　　）。

A. 会计主体 B. 持续经营 C. 会计分期 D. 货币计量

17. 根据权责发生制原则，下列各项中应计入本期的收入和费用的是（　　）。

A. 本期销售货款收存银行 B. 上期销售货款本期收存银行

C. 本期预收下期货款存入银行 D. 计提本期固定资产折旧费

18. 本月收到上月销售产品的货款存入银行，下列表述中，正确的有（　　）。

A. 收付实现制下，应当作为本月收入 B. 权责发生制下，不能作为本月收入

C. 收付实现制下，不能作为本月收入 D. 权责发生制下，应当作为本月收入

19. 以权责发生制为核算基础，下列各项不属于本期收入或费用的是（　　）。

A. 本期支付下期的房租金 B. 本期预收的货款

C. 本期预付的货款 D. 本期售出商品但尚未收到货款

20. 会计核算基础，亦称会计记账基础，是指确定一个会计期间的收入与费用，从而确定损益的标准。会计核算基础有（　　）两种。

A. 权责发生制 B. 编制会计凭证

C. 收付实现制 D. 登记账簿

(三) 判断题

1. 经济越发展，会计越重要。（　　）

2. 会计人员不钻研业务，不加强新知识的学习，造成工作上的差错，缺乏胜任工作的能力。这是一种既违反会计职业道德，又违反会计法律制度的行为。（　　）

3. 助理会计师、会计师主要以考试的形式选拔，高级会计师则以考试和评审相结合的形式选拔，而正高级会计师则以评审的形式选拔。（   ）
4. 货币量度是唯一的会计计量单位。（   ）
5. 会计职能只有两个，即核算与监督。（   ）
6. 会计方法是会计的基本方法，包括设置账户、复式记账、填制和审核会计凭证、登记账簿、成本计算、财产清查和编制会计报表。（   ）
7. 我国所有企业的会计核算都必须以人民币作为记账本位币。（   ）
8. 会计核算应当区分自身的经济活动与其他单位的经济活动。（   ）
9. 在持续经营前提下，会计主体在可预见的将来不会破产清算。（   ）
10. 谨慎原则是指在会计核算中应尽量低估企业的资产和可能发生的损失、费用。（   ）
11. 会计核算必须以实际发生的经济业务事项为依据。（   ）
12. 会计资料的真实性和完整性，是会计资料最基本的质量要求，是会计工作的生命。（   ）
13. 会计处理方法是指在会计核算中采用的具体方法。采用不同的处理方法，都不会影响会计资料的一致性和可比性，不会影响会计资料的使用。（   ）
14. 根据权责发生制原则，收入和费用的确定并不完全取决于款项是否已经收付。（   ）
15. 权责发生制是以权益、责任是否发生为标准来确定本期收益和费用的。（   ）

（四）问答题

1. 高级会计师的工作职责是什么？
2. 会计职业素质要求有哪些？
3. 会计的特点是什么？
4. 会计核算的基本前提是什么？

（五）业务题

实训目的：掌握会计基础的分类、特点、异同点及在我国会计基础的设定要求。

实训资料：龙腾企业财务部经理为了测试企业实习生刘强掌握会计基本理论的程度，列举了公司本月发生的下列经济业务。

1. 以存款支付上月份电费35 000元。
2. 收回上月的应收货款20 000元存入银行。
3. 收到本月的营业收入款15 000元存入银行。
4. 用现金支付本月应负担的办公费800元。
5. 以银行存款支付下季度保险费2 100元。
6. 销售产品取得收入30 000元，款项尚未收到。
7. 预收顾客货款8 000元存入银行。

实训要求：
（1）会计基础共有哪几种？各有什么特点？
（2）就上述业务而言，请采用不同的会计基础计算盈亏，比较其异同点。
（3）在我国，企业采用的是哪一种会计基础？为什么？

三、测一测：初级会计资格考试练习题

（一）单项选择题

1. 会计是以货币作为主要计量单位，反映和监督一个单位经济活动的一种（   ）。
   A. 方式   B. 手段   C. 信息工具   D. 经济管理工作
2. 下列各项属于会计基本职能的是（   ）。
   A. 核算与分析   B. 反映与控制   C. 决策与预测   D. 分析与监督
3. 下列各项中，属于会计通过对特定主体的经济活动进行确认、计量和报告，如实反映主体财务状况、经营成果和现金流量等信息这一职能的是（   ）。
   A. 会计控制职能   B. 会计核算职能   C. 会计预算职能   D. 会计监督职能
4. 会计的基本职能是（   ）。
   A. 记账、算账和报账   B. 核算与监督
   C. 预测、决策和分析   D. 监督和管理
5. （   ）是会计工作的基础。
   A. 会计计算   B. 会计分析   C. 会计核算   D. 会计检查
6. 下列各项中，属于会计在其核算中对特定主体经济活动的真实性、合法性和合理性进行审查的是（   ）。
   A. 会计计算   B. 会计控制   C. 会计监督   D. 会计分析
7. 下列各项中，能对会计工作质量起保证作用的是（   ）。
   A. 会计核算   B. 会计监督   C. 会计预算   D. 会计记账
8. 会计对象是企事业单位的（   ）。
   A. 资金运动   B. 资金活动   C. 经济资源   D. 劳动成果
9. 资金投入企业是资金运动的起点，主要包括（   ）。
   A. 对外销售产品   B. 向所有者分配利润
   C. 购置固定资产   D. 接受投资
10. 资金运动从货币形态开始又回到货币资金形态，我们称之为完成了一次（   ）。
    A. 资金循环   B. 资金运转
    C. 资金运动   D. 资金投入和退出
11. 资金的循环与周转过程不包括（   ）。
    A. 供应过程   B. 生产过程   C. 销售过程   D. 分配过程
12. 下列各项，要求企业提供的会计信息应当反映与企业财务状况、经营成果和现金流量有关的所有重要交易或者事项的会计信息质量要求是（   ）。
    A. 重要性   B. 及时性   C. 相关性   D. 可理解性
13. 延期确认收入，不符合会计信息质量要求的是（   ）。
    A. 重要性   B. 谨慎性   C. 可比性   D. 及时性
14. 根据《企业会计准则》的规定，下列时间段中，不作为会计期间的是（   ）。
    A. 年度   B. 半月度   C. 季度   D. 月度
15. 会计基本假设所做的合理设定内容是指（   ）。
    A. 会计核算对象及内容   B. 会计要素及内容

C. 会计核算方法及内容　　　　　　　　D. 会计核算所处时间、空间环境

16. 下列会计基本假设中，确立了会计核算时间范围的是（　　）。
    A. 会计主体假设　　　　　　　　　　B. 会计分期假设
    C. 持续经营假设　　　　　　　　　　D. 货币计量假设

17. 关于会计主体假设说法，正确的是（　　）。
    A. 会计主体是投资者
    B. 会计主体与法律主体是同义语
    C. 会计主体是会计核算和监督的特定单位或组织
    D. 会计主体假设明确了会计工作的时间范围

18. 下列说法中，正确的是（　　）。
    A. 会计主体即会计实体，指记录会计信息的会计人员
    B. 会计期间分为月度、季度和年度
    C. 持续经营假设是指企业在可预见的将来不会停业，也不会大规模削减业务
    D. 记账本位币就是指人民币

19. 在权责发生制下，下列货款中应列为本月收入的是（　　）。
    A. 本月销售，下月收到货款　　　　　B. 上月销售，本月收到的货款
    C. 本月预收下月货款　　　　　　　　D. 本月收到上月购货方少付的货款

20. 我国企业的会计确认、计量、报告的基础是（　　）。
    A. 收付实现制　　B. 实地盘存制　　C. 永续盘存制　　D. 权责发生制

21. 龙腾企业1月份发生下列支出：（1）预付全年仓库租金36 000元；（2）支付上年第4季度银行借款利息16 200元；（3）以现金520元购买行政管理部门使用的办公用品；（4）预提本月应负担的银行借款利息4 500元。按权责发生制确认的本月费用为（　　）。
    A. 57 220元　　B. 8 020元　　C. 24 220元　　D. 19 720元

22. 启明星企业1月份发生下列支出：预付全年仓库租金12 000元；支付上年第4季度银行借款利息5 400元；以现金680元支付行政管理部门的办公用品；预提本月负担的银行借款利息1 500元。按权责发生制确认的本月费用为（　　）元。
    A. 19 580　　B. 7 080　　C. 14 180　　D. 3 180

23. 银龙企业6月份预付第三季度财产保险费1 800元；支付本季度借款利息3 900元（其中5月份1 300元，4月份1 300元）；用银行存款支付本月广告费30 000元。根据收付实现制，该单位6月份确认的费用为（　　）。
    A. 31 900元　　B. 31 300元　　C. 33 900元　　D. 35 700元

24. 艾尔企业在年初用银行存款支付本年租金120 000元，于1月末仅将其中的10 000元计入本月费用，这符合（　　）。
    A. 收付实现制原则　　　　　　　　　B. 权责发生制原则
    C. 谨慎性原则　　　　　　　　　　　D. 历史成本计价原则

25. 关于权责发生制的表述中，不正确的是（　　）。
    A. 权责发生制是以收入和费用是否归属本期为标准来确认本期收入和费用的一种方法
    B. 权责发生制要求，凡是不属于当期的收入和费用，即使款项已在当期收付，也不作为当期的收入和费用

C. 权责发生制要求，凡是当期已经实现的收入和已经发生或应当负担的费用，无论款项是否收付，都应当作为当期的收入和费用

D. 权责发生制要求，凡是本期收到的收入和付出的费用，不论是否属于本期，都应作为本期的收入和费用

（二）多项选择题

1. 关于会计的说法正确的是（ ）。
   A. 本质上是一种经济管理活动 B. 以货币为主要计量单位
   C. 针对特定主体的经济活动 D. 对经济活动进行核算和监督

2. 关于会计核算和会计监督之间的关系，说法正确的是（ ）。
   A. 两者之间存在着相辅相成、辩证统一的关系
   B. 会计核算是会计监督的基础
   C. 会计监督是会计核算的保障
   D. 会计核算是会计监督的保障

3. 下列属于会计核算的有（ ）。
   A. 财物的收发、增减和使用 B. 债权、债务的发生和结算
   C. 开立子公司 D. 收入、支出、费用、成本的计算

4. 会计监督职能是指，会计人员在进行会计核算时，对经济活动的（ ）进行审查。
   A. 真实性 B. 合法性 C. 合理性 D. 时效性

5. 资金退出包括（ ）。
   A. 偿还各项债务 B. 支付职工工资
   C. 上交各项税金 D. 向所有者分配利润

6. 资金退出是资金运动的终点，以下属于资金退出业务的有（ ）。
   A. 偿还银行借款 B. 支付发行债券的利息
   C. 缴纳所得税 D. 给股东分配现金股利

7. 以下业务中，属于资金循环过程的是（ ）。
   A. 购买原材料 B. 将原材料投入产品生产
   C. 销售商品 D. 向投资者分配净利润

8. 以下各项中，属于会计信息使用者的是（ ）。
   A. 投资者 B. 债权人
   C. 企业管理者 D. 政府及其相关部门

9. 下列项目中，属于会计基本假设的是（ ）。
   A. 会计主体 B. 持续经营 C. 会计分期 D. 货币计量

10. 以下各项中，可以作为会计主体的是（ ）。
    A. 企业集团 B. 企事业法人 C. 非法人单位 D. 行政机关

11. 下列关于会计基本假设的说法中，正确的有（ ）。
    A. 会计主体界定了会计确认、计量和报告的空间范围
    B. 会计分期明确了会计核算的时间范围
    C. 会计分期有利于分期结算账目和编制财务报告
    D. 货币计量能够全面地反映会计主体生产经营的业务收支等情况

12. 各项中，属于会计信息质量的可比性要求的是（　　）。
   A. 同一企业不同时期可比　　　　　　B. 不同企业相同会计期间可比
   C. 不同企业不同会计期间可比　　　　D. 不同企业相同经济业务可比
13. 如果采用权责发生制基础，以下业务中能确认为当期收入的有（　　）。
   A. 收到购货方前欠销货款　　　　　　B. 销售商品，货款尚未收到
   C. 销售商品，同时收到货款　　　　　D. 收到以前年度的销货款
14. 目前，我国事业单位会计可采用的会计基础是（　　）。
   A. 持续经营　　　B. 权责发生制　　　C. 货币计量　　　D. 收付实现制
15. 采用权责发生制基础时，下列业务中不能确认为当期费用的是（　　）。
   A. 支付下年报纸、杂志费　　　　　　B. 预提本月短期借款利息
   C. 预付下季度房租　　　　　　　　　D. 支付上月电费

（三）判断题

1. 会计是以货币为计量单位，运用专门的方法，核算和监督一个单位经济活动的一种管理工作。（　　）
2. 会计对经济活动过程中使用的财产物资、发生的劳动耗费及劳动成果等以货币作为主要计量单位，进行系统的记录、计算、分析和考核，以达到加强经济管理的目的。（　　）
3. 会计是以货币为主要计量单位，反映和监督单位经济活动的一种经济管理工作。（　　）
4. 会计职能只有两个，即核算和监督。（　　）
5. 从职能属性看，核算和监督本身是一种管理活动，从本质属性看，会计本身就是一种经济管理活动。（　　）
6. 会计监督是个过程，它分为事前监督、事中监督和事后监督三个阶段。（　　）
7. 会计主体是指会计确认、计量和报告的空间范围，即界定了从事会计工作和提供会计信息的空间范围。（　　）
8. 没有会计主体，就不会有持续经营；没有持续经营，就不会有会计分期；没有货币计量，就不会有现代会计。（　　）
9. 会计分期是指将一个会计主体持续经营的生产经营活动划分为一个个连续的、长短相同的期间，以便分期结算账目和编制财务报告。（　　）
10. 会计以货币为计量单位，货币是唯一的计量单位。（　　）
11. 会计核算方法是会计的基本方法，包括设置账户、复式记账、填制和审核会计凭证、登记账簿、成本计算、财产清查和编制会计报表。（　　）
12. 在持续经营前提下，会计主体在可预见的将来不会破产清算。（　　）
13. 在持续经营假设下，会计确认、计量和报告应当以企业持续、正常的经济活动为前提。（　　）
14. 持续经营是指会计主体将会按当前的规模和状态一直持续经营下去，不会停业、破产清算，也不会大规模消减业务。（　　）
15. 权责发生制基础要求，企业应当在收入已经实现或费用已经发生时就进行确认，而不必等到实际收到或支付现金时才确认。（　　）

项目二

反映经济业务，掌握填制与审核原始凭证的方法

一、实训目标：实训目的与要求

通过实训，使学生能够根据原始凭证判断发生何种经济业务，以及根据发生的经济业务正确规范地填写和审核各类原始凭证。要求掌握原始凭证的基本要素、种类、填制要求、内容、审核后不同情况的处理方法。

二、实训准备：实训器材与用具

黑色水笔，红笔，计算器。

三、练一练：实训练习题

（一）单项选择题

1. 下列各项中，不属于原始凭证基本要素的是（　　）。
   A. 填制凭证的日期　　　　　　　　　B. 经济业务内容
   C. 会计人员记账标记　　　　　　　　D. 接受凭证单位名称
2. 在下列原始凭证中，属于自制原始凭证的是（　　）。
   A. 自来水公司开具的水费发票　　　　B. 火车票
   C. 银行转来的收款通知　　　　　　　D. 仓库保管员填制的发货单
3. 在下列原始凭证中，属于外来原始凭证的是（　　）。
   A. 增值税专用发票　　B. 工资计算表　　C. 出库单　　D. 限额领料单
4. 下列各项中，不属于原始凭证的基本内容的是（　　）。
   A. 接受凭证单位名称　　　　　　　　B. 交易或事项的内容、数量、单价和金额
   C. 经办人员签名或盖章　　　　　　　D. 应记会计科目名称和记账方向
5. 原始凭证按其填制手段不同，可分为（　　）。
   A. 自制原始凭证和外来原始凭证　　　B. 一次原始凭证和累计原始凭证
   C. 手工凭证和机制凭证　　　　　　　D. 汇总原始凭证和记账编制凭证

6. 在原始凭证上书写阿拉伯数字，错误的做法是（ ）。
   A. 金额数字前书写货币币种符号
   B. 币种符号与金额数字之间要留有空白
   C. 币种符号与金额数字之间不得留有空白
   D. 数字前写有币种符号的，数字后不再写货币单位
7. 下列关于支票填写的说法中，错误的是（ ）。
   A. 支票填写不全，可以补记 B. 支票见票即付
   C. 支票用途填写错误，可以更改 D. 支票正面的项目，不得涂改
8. 原始凭证中（ ）出现错误的，不得更正，只能由原始凭证开具单位重新开具。
   A. 金额 B. 汉字
   C. 计量单位 D. 会计科目
9. 下列关于审核原始凭证时发现库存现金金额错误的处理方法的表述中，正确的是（ ）。
   A. 经办人更正 B. 会计主管人员更正
   C. 会计人员更正 D. 原填制单位更正
10. 对于真实合法但小写金额错误的原始凭证，会计人员应（ ）。
    A. 直接据以编制记账凭证 B. 将金额更正后据以编制记账凭证
    C. 退回出具单位重新开具 D. 不予受理，并向单位负责人报告
11. 单位在审核原始凭证时，发现外来原始凭证的金额有错误，应由（ ）。
    A. 接受凭证单位更正并加盖公章 B. 原出具凭证单位更正并加盖公章
    C. 原出具凭证单位重开 D. 经办人员更正并报领导审批
12. 下列有关原始凭证错误的更正不正确的是（ ）。
    A. 原始凭证记载的各项内容均不得涂改
    B. 原始凭证金额错误的可在原始凭证上更正
    C. 原始凭证错误的应由出具单位重开，更正处加盖单位印章
    D. 原始凭证金额错误的不可在原始凭证上更正
13. 下列各项不属于原始凭证审核内容的是（ ）。
    A. 凭证反映的经济业务是否真实 B. 凭证中各项目是否填写齐全
    C. 会计科目的使用是否正确 D. 凭证是否有有关经办人员的签名或盖章
14. 下列属于审核原始凭证真实性的是（ ）。
    A. 凭证日期是否真实、业务内容是否真实
    B. 审核原始凭证所记录经济业务是否有违反国家法律法规的情况
    C. 审核原始凭证各项基本要素是否齐全，是否有漏项情况
    D. 审核原始凭证各项金额的计算及填写是否正确
15. 原始凭证的审核是一项十分重要、严肃的工作，经审核的原始凭证应根据不同情况处理，下列处理方法不正确的是（ ）。
    A. 对于完全符合要求的原始凭证，应及时据以编制记账凭证入账
    B. 对于不真实、不合法的原始凭证，会计机构和会计人员有权不予接受，并向单位负责人报告

C. 对于不完全符合要求的自制原始凭证，可先行编制记账凭证，以保证账务的及时处理，随后必须保证补充完整

D. 对于真实、合法、合理但内容不够完整、填写有错误的原始凭证，应退回给有关经办人员，由其负责将有关凭证补充完整、更正错误或重开后，再办理正式会计手续

16. 对外来原始凭证的审核内容，不包括（　　）。
   A. 经济业务的内容是否真实　　　　　B. 填制单位公章和填制人员签章是否齐全
   C. 填制凭证的日期是否真实　　　　　D. 是否有本单位公章和经办人签章

17. 在审核原始凭证时，对于内容不完整、填制有错误或手续不完备的原始凭证，应（　　）。
   A. 拒绝办理，并向本单位负责人报告　B. 予以抵制，对经办人员进行批评
   C. 由会计人员重新填制或予以更正　　D. 予以退回，要求更正、补充或重开

18. 对原始凭证应退回补充完整或更正错误，属于（　　）。
   A. 原始凭证违法行为　　　　　　　　B. 原始凭证真实、合法、合理
   C. 原始凭证不真实、不合法　　　　　D. 原始凭证真实、合法、合理但不完整

19. 下列内容属于原始凭证"完整性"审核范围的是（　　）。
   A. 记录的经济业务有无违反国家法律法规
   B. 记录的经济业务有无违反企业内部制度、计划和预算
   C. 原始凭证是否经填制单位签章，大小写金额是否齐全
   D. 大小写金额是否一致

20. 会计机构、会计人员对不真实、不合法的原始凭证和违法收支（　　）。
   A. 有权不予受理　　B. 予以退回　　C. 予以纠正　　D. 予以受理

（二）多项选择题

1. 原始凭证的基本内容包括原始凭证的名称、（　　）、接受凭证单位名称、数量、单价和金额等。
   A. 经办人员的签名或盖章　　　　　　B. 填制凭证的日期
   C. 经济业务的内容　　　　　　　　　D. 填制单位名称或填制人员姓名

2. 原始凭证的基本内容中包括（　　）。
   A. 原始凭证名称　　　　　　　　　　B. 接受原始凭证单位名称
   C. 经济业务的性质　　　　　　　　　D. 填制凭证日期

3. 下列各项属于原始凭证必须具备的基本内容是（　　）。
   A. 填制日期　　　　　　　　　　　　B. 经济业务内容（含数量、单价和金额）
   C. 会计分录　　　　　　　　　　　　D. 接受凭证单位名称

4. 按填制手段可以将原始凭证分为（　　）。
   A. 自制原始凭证　B. 外来原始凭证　C. 手工凭证　　D. 机制凭证

5. 下列原始凭证中，属于自制原始凭证的有（　　）。
   A. 发料单　　　　　　　　　　　　　B. 出库单
   C. 实存账存对比表　　　　　　　　　D. 飞机票

6. 下列属于外来原始凭证的有（　　）。
   A. 本单位开具的销售发票　　　　　　B. 供货单位开具的发票

C. 职工出差取得的飞机票和火车票　　D. 银行收付款通知单

7. 以下属于原始凭证的有（　　）。
   A. 火车票　　　　　　　　　　　B. 领料单
   C. 增值税专用发票　　　　　　　D. 产品入库单
8. 下列有关支票填写的说法中，正确的是（　　）。
   A. 现金支票和转账支票的收款人均不能为本单位
   B. 现金支票和转账支票均没有用途的限制
   C. 支票正面要盖有财务专用章和法人章，缺一不可
   D. 支票的有效期为10天
9. 下列说法正确的是（　　）。
   A. 原始凭证必须记录真实，内容完整
   B. 一般原始凭证发生错误，必须按规定办法更正
   C. 支票正面填写错误，可视情况决定是否作废
   D. 审核原始凭证中发现伪造凭证，应立即扣留凭证，并向单位负责人汇报
10. 企业购买材料一批并已入库，该项业务有可能存在的原始凭证有（　　）。
    A. 发票　　　　B. 支票　　　　C. 领料单　　　　D. 入库单
11. 原始凭证的审核内容包括审核原始凭证（　　）等方面。
    A. 真实性　　　　　　　　　　　B. 合法性、合理性
    C. 正确性、及时性　　　　　　　D. 完整性
12. 下列人员中，（　　）需要在自制原始凭证上签名或盖章。
    A. 经办人员　　B. 出纳人员　　C. 记账人员　　　D. 经办部门
13. 关于原始凭证的审核，正确的是（　　）。
    A. 对通用原始凭证，可以不必审核
    B. 对外来原始凭证，必须有填制单位公章和填制人员签章
    C. 对自制原始凭证，必须有经办部门和经办人员的签名或盖章
    D. 对不真实的原始凭证，会计人员有权不予接受，并需要及时向单位负责人报告
14. 审核原始凭证的真实性包括（　　）。
    A. 凭证日期是否真实、数据是否真实
    B. 对通用原始凭证，还应审核凭证本身的真实性，防止以假冒的原始凭证记账
    C. 对外来原始凭证，必须有填制单位公章和填制人员签章
    D. 业务内容是否真实
15. 对外来原始凭证审核的内容，包括（　　）。
    A. 经济业务的内容是否真实　　　B. 填制单位公章和填制人员签章是否齐全
    C. 填制凭证的日期是否真实　　　D. 是否有本单位公章和经办人签章

（三）判断题
1. 自制原始凭证都是一次凭证，外来原始凭证绝大多数是一次凭证。（　　）
2. 从外单位取得的原始凭证应有填制单位的公章和填制人员签字。（　　）
3. 所有支票均可用于提现或转账。（　　）
4. 原始凭证金额出现错误的可以划掉重新书写。（　　）

5. 审核原始凭证的正确性，就是要审核原始凭证所记录的经济业务是否符合企业生产经营活动的需要，是否符合有关的计划、预算和合同等规定。（   ）

6. 对于真实、合法、合理但内容不够完整、填写有错误的原始凭证，会计机构和会计人员不予以接受。（   ）

7. 对于不真实、不合法的原始凭证，会计机构、会计人员有权不予接受，并向单位负责人报告。（   ）

8. 原始凭证的审核内容主要包括真实性和合法性。（   ）

9. 原始凭证的审核主要审核原始凭证的合规性和完整性两个方面。（   ）

10. 原始凭证有错误的，应当由出具单位重开或更正，并在更正处加盖出具单位印章。
（   ）

（四）业务题

1. 实训目的：练习小写金额数字的书写。

实训器材：黑色水笔。

实训资料：（1）人民币陆万柒仟捌佰玖拾玖元贰角整

（2）人民币壹仟零壹拾元整

（3）人民币玖仟万零肆元整

（4）人民币伍佰元零捌分

（5）人民币贰万零叁拾元零陆分

（6）人民币壹佰元整

实训要求：请将以上的大写金额数字写成小写金额数字（小写金额前的人民币用"￥"表示，无"角""分"用"0"补齐）。

2. 实训目的：练习大写金额数字的书写。

实训器材：黑色水笔。

实训资料：（1）￥123.45

（2）￥30000000.00

（3）￥6000.70

（4）￥8005.02

（5）￥92.30

（6）￥220.00

实训要求：请将以上的小写金额数字写成大写金额数字。

3. 实训目的：练习票据日期的书写。

实训器材：黑色水笔。

实训资料：（1）2016年1月3日

（2）2019年2月12日

（3）2015年10月11日

（4）2019年11月10日

（5）2017年12月20日

（6）2014年4月30日

实训要求：请将以上的日期书写为票据的出票日期形式。

4. 实训目的：练习现金支票、借款单、差旅费报销单、收据和增值税专用发票的填写。

实训器材：黑色水笔，计算器。

实训资料：江西南昌恒大有限公司开户行为建设银行高新支行，账号为 2562 2145 6321 02，地址为南昌市艾溪湖北路 521 号，纳税人识别号 3601 0631 4754 245。该公司会计人员是陈琦，出纳是刘霞，会计主管是王艳，单位法人代表是李鹏。

实训要求：该公司 2019 年 7 月发生的经济业务如下，请填写相关原始凭证。

（1）1 日，出纳开具现金支票一张，从本公司银行账户中提取现金 2 000 元备用。附现金支票，见图 2-1。

图 2-1

（2）2 日，采购部徐剑赴广州展销会采购公司所需原材料，向财务部预借现金 1 500 元，财务人员审核无误后予以支付。财务部经理李敏，采购部经理陈真。附借款单，见图 2-2。

图 2-2

（3）7 日，采购部徐剑 3 日从南昌至广州去开展销会，于 6 日回南昌，报销差旅费 1 200 元，其中火车费双程共计 600 元，住宿费总计 400 元，伙食费按 50 元/天报销，共计伙食费 200 元，并退回现金 300 元，财务部审核两张火车票和一张住宿发票无误后，按相关规定予以报销，并开具收据一张，收据编号为 5 号。附差旅费报销单，见图 2-3；附收款收据，见图 2-4。

出差旅费报销单

单位_____   年   月   日   金额单位：元

起日		止日		合计天数	各项补助费						车船与杂支费						合计金额
					伙食补助费			公杂费包干			火车费	汽车费	轮船费	飞机费	住宿费	其他杂支	
月	日	月	日		天数	标准	金额	天数	标准	金额							

附件   张

合计人民币（大写）_____   ¥

原借差旅费_____元   报销_____元   剩余交回_____元

出差事由_____

会计主管：   审核：   制单：   部门主管：   报销人：

图 2-3

收款收据

年   月   日   第   号

交款单位或交款人		收款方式		备注
事由_____				
人民币（大写）_____		¥		
收款人：	收款单位（盖章）			

图 2-4

（4）17日，向南昌天虹商城销售应税货物一批，其中，成衣90套，每套200元；拖鞋50双，每双30元（均不含增值税），适用税率为13%，由财务部开出增值税专用发票。天虹商城的纳税人识别号是3601 0631 4759 829，地址是南昌市天祥大道231号，开户行及账号分别是建设银行高新支行和2562 2145 6523 52。收款人为刘红。附增值税专用发票，见图2-5。

5. 实训目的：练习材料入库单、转账支票和银行进账单的填写。

实训器材：黑色水笔，计算器。

实训资料：江西南昌新记有限公司开户行为中国工商银行高新支行，账号为2562 2145 6749 29，该公司会计人员是王萍，出纳是李辰，会计主管是刘希，单位法人代表是顾斌，仓库保管员是胡部。南昌纺织厂开户行为中国工商银行昌北支行，账号为2562 2145 7392 53。

2019年7月10日，江西南昌新记有限公司的采购员黄晓向南昌纺织厂采购的原材料棉纱到货，验收入库，送货人为周浦，材料入库单编号为000822，该批棉纱应收实收11吨，单价2 000元，假设无其他相关费用，由财务部开具转账支票和填制银行进账单予以支付。

| | 3600151110 | 江西增值税专用发票 | No 00064412 |
| | | 此联不做报销，扣税凭证使用 | 开票日期： |

购货单位	名　　称：		密码区	543<0211+-+83920829<0676->>2-23/29 3<6372->>2/4>>4/>>>0072902815845/3 4//563<0217+-+019>302+648365420810 /1-1-35181019>947/0+8//-275+6*94>3
	纳税人识别号：			
	地址、电话：			
	开户行及账号：			

货物或应税劳务名称	规格型号	单位	数量	单价	金额	税率	税额
合　　计							
价税合计（大写）				（小写）			

销货单位	名　　称：		备注	
	纳税人识别号：			
	地址、电话：			
	开户行及账号：			

收款人：　　　　复核：　　　　开票人：　　　　销货单位（章）

图 2-5

实训要求：根据上述业务，填制相关原始凭证。附材料入库单，见图 2-6；附转账支票，见图 2-7；附银行进账单，见图 2-8。

材料入库单

供货单位：　　　　　　　　　年　月　日　　　　　　编号：

类别	编号	名称	规格	单位	数量		金额									附注
					应收	实收	单价	总价								
								十	万	千	百	十	元	角	分	
合计																

仓库保管员：　　　　采购业务员：　　　　送货人：

图 2-6

图 2-7

![图 2-8 中国工商银行进账单(回单)]

图 2-8

6. 实训目的：练习审核原始凭证。

实训器材：黑色水笔，计算器。

实训资料：江西南昌科技有限公司开户行为建设银行高新支行，账号为 2562 2145 6321 35，地址为南昌市艾溪湖北路 125 号，纳税人识别号 3601 0631 4724 367。该公司会计人员是丁玲，出纳是刘萌，会计主管是黄宁，单位法人代表是王心。

实训要求：该公司 2019 年 7 月发生的经济业务如下，审核相关原始凭证，若有误，请说明更正方法。

（1）2 日，本公司收到杭海市宏达运输公司开具的转账支票一张，共计 3 500 元，用以支付运费，附图 2-9。

图 2-9

（2）18 日，向江西昌隆有限公司购入丙材料一批，不含税金额 2 000 元，税率 13%。

涉及增值税专用发票一张,附图2-10。

图2-10

(3) 21日,三车间周辉领用A材料一批,请领数量和实发数量均为3 000千克,单价1.5元,领料单编号为00063,填制领料单一张,附图2-11。

领料单

领料单位:一车间　　　　　　　　2019年07月21日　　　　　　　　编号:00036

材料类别	材料编号	材料名称及规格	计量单位	数量		单价	金额
				请领	实发		
原材料		A材料	千克	3 000	3 000	1.50	450.00
备注:						合计	¥450.00

仓库保管员:　　　　　　　　领料部门负责人:　　　　　　　　领料人:

图2-11

(4) 28日,收到李强退回的向财务部门多借的现金50元,填制收据一张,附图2-12。

收款收据

2019年07月18日　　　　　　　　第3号

交款单位或交款人	李强	收款方式	现金
事由 退回多借现金			备注:
人民币(大写) 伍拾元		¥50	
收款人:刘萌		收款单位(盖章)	

图2-12

(五) 案例分析题

实训目的:练习在具体情景模式下判断相关原始凭证的处理方式。

实训资料:江西昌隆有限公司为增值税一般纳税人,开户行为建设银行高新支行,地址为南昌市天祥大道100号，银行账号2562 2145 6523 52，纳税人登记号3601 0631 4754 225。会计人员是李琳，出纳员是龙龙，会计主管是吴风。

2019年7月15日采购部陈晨去财务处报销差旅费，她于10日前从南昌去广州参加为时5天的订货会，为公司采购原料。出发日期是7月5日，返回日期是7月10日，共住宿5天。公司的报销限额是：往返车票全额报销，除往返车票外的交通费报销100元，住宿费按每晚150元报销，伙食费按每天50元报销。

报销时，她提交了以下原始凭证：南昌至广州的往返火车票，住宿费发票700元，打车费发票150元，餐费发票200元，打印费发票100元。她提出把住宿费或者餐费多余的限额用于报销部分打车费和全额的打印费。

实训要求：假设你是该公司的会计人员，判断以上相关业务应该怎么处理。

四、测一测：初级会计资格考试练习题

（一）单项选择题

1. 原始凭证上的小写金额￥25008.66，大写正确的是（　　）。
   A. 人民币贰万伍仟零捌元陆角陆分整
   B. 贰万伍仟零捌元陆角陆分
   C. 人民币两万伍仟零捌元陆角陆分
   D. 人民币贰万伍仟零捌元陆角陆分

2. 下列属于外来凭证的是（　　）。
   A. 购进货物发票　　　　　　　　B. 工资发放明细表
   C. 收料单　　　　　　　　　　　D. 领料单

3. 下列各项中，根据连续反映某一时、不断重复发生而分次进行的特定业务编制的原始凭证的是（　　）。
   A. 一次凭证　　B. 累计凭证　　C. 记账编制凭证　　D. 汇总原始凭证

4. 下列单证中，属于原始凭证的是（　　）。
   A. 限额领料单　　B. 材料请购单　　C. 购销合同　　D. 生产计划

5. 发现原始凭证金额错误，下列各项中，正确的处理方法是（　　）。
   A. 由本单位经办人更正，并由单位财务负责人签名盖章
   B. 由出具单位重开
   C. 由出具单位更正，更正处应当加盖出具单位印章
   D. 由本单位会计人员按划线更正法更正，并在更正处签章

6. 仓库领料的限额领料单是（　　）。
   A. 收款凭证　　B. 一次凭证　　C. 付款凭证　　D. 累计凭证

7. 由仓库保管人员根据购入材料的实际验收情况填制的一次性原始凭证称为（　　）。
   A. 收料单　　　　　　　　　　　B. 领料单
   C. 限额领料单　　　　　　　　　D. 发料凭证汇总表

8. 下列各项不属于自制原始凭证的是（　　）。
   A. 收料单　　　　　　　　　　　B. 产品出库单
   C. 本单位开具的销售发票　　　　D. 供货单位开具的发票

9. 下列各项中，不属于原始凭证基本内容的是（   ）。
   A. 填制原始凭证的日期   B. 经济业务内容
   C. 会计人员记账标记   D. 原始凭证附件
10. 下列关于原始凭证的书写表述有误的是（   ）。
   A. 大写金额到元或角或分为止的，后面要写"整"或"正"字
   B. 填制原始凭证时，不得使用未经国务院公布的简化汉字
   C. 汉字大写金额一律用正楷或行书字体书写
   D. 人民币符号和阿拉伯数字之间不得留有空白

(二) 多项选择题

1. 下列关于限额领料单的说法中，正确的有（   ）。
   A. 是多次使用的累计发料凭证
   B. 属于一次凭证
   C. 一般一料一单，一式两联
   D. 一联交仓库据以发料，一联交领料部门据以领料
2. 下列属于原始凭证填制要求中手续要完备这一条的是（   ）。
   A. 单位自制的原始凭证必须有经办单位领导人或者其他指定的人员签名盖章
   B. 原始凭证所要求填列的项目必须逐项填列齐全，不得遗漏和省略
   C. 从个人取得的原始凭证，必须有填制人员的签名盖章
   D. 从外部取得的原始凭证，必须盖有填制单位的公章
3. 审核原始凭证时正确的做法是（   ）。
   A. 对于真实、合理、合法但内容不完整的，应退回由有关经办人员补办手续
   B. 对于不真实、不合法的，会计人员应拒绝办理，并向负责人报告
   C. 对于真实、合理、合法但填写金额有错的，应退回要求原单位重开
   D. 对于真实、合理，但填写金额有错误的，应退回由原单位更正并盖章
4. 下列会计凭证，属于自制原始凭证的是（   ）。
   A. 限额领料单   B. 工资计算单
   C. 经济合同   D. 职工出差的火车票
5. 下列人员中，属于需要在自制原始凭证上签字或盖章的有（   ）。
   A. 经办部门的负责人   B. 出纳人员
   C. 记账人员   D. 经办人员
6. 下列各项属于一次原始凭证的有（   ）。
   A. 购货发票   B. 收款收据   C. 火车票   D. 限额领料单
7. 原始凭证的审核是一项十分重要、严肃的工作，经审核的原始凭证应根据不同的情况处理。下列处理正确的是（   ）。
   A. 对于完全符合要求的原始凭证，应及时据以编制记账凭证入账
   B. 对于不真实、不合法的原始凭证，会计机构和会计人员有权不予接受，并向单位负责人报告
   C. 对于不完全符合要求的自制原始凭证，可先行编制记账凭证，以保证账务的及时处理，随后必须保证补充完整

D. 对于真实、合法、合理但内容不够完整、填写有错误的原始凭证，应退回给有关经办人员由其负责将有关凭证补充完整、更正错误或重开后，再办理正式会计手续

8. 下列属于外来原始凭证的有（　　）。
   A. 收料单　　　　　　　　　　　　B. 增值税专用发票
   C. 购货取得的发票　　　　　　　　D. 报销差旅费的住宿费单据

9. 下列关于汇总原始凭证的说法中，正确的有（　　）。
   A. 汇总原始凭证是指在会计的实际工作日，为了简化记账凭证的填制工作，将一定时期若干份记录同类经济业务的原始凭证汇总编制一张汇总凭证
   B. 汇总原始凭证可以用以集中反映某项经济业务的完成情况
   C. 发料凭证汇总表属于汇总原始凭证
   D. 汇总凭证可以将两类或两类以上的经济业务汇总在一起，填列在一张汇总原始凭证上

10. 下列凭证中，属于汇总凭证的有（　　）。
    A. 差旅费报销单　　　　　　　　　B. 发料凭证汇总表
    C. 限额领料单　　　　　　　　　　D. 增值税专用发票

（三）判断题

1. 一次凭证只能反映一项经济业务，累计凭证可以反映若干项同类的经济业务。（　）
2. 经办人员的签名或者盖章是原始凭证必须具备的要素之一。（　）
3. 对记载不准确、不完整的原始凭证，会计人员有权要求其重填。（　）
4. 原始凭证发生错误，正确的更正方法是由出具单位在原始凭证上更正。（　）
5. 原始凭证金额有错误的，应该由出具单位更正并加盖单位印章。（　）
6. 从个人取得的原始凭证，必须有填制人员的签名盖章。（　）
7. 自制原始凭证都是一次凭证，外来原始凭证绝大多数是一次凭证。（　）
8. 填制原始凭证，汉字大写金额数字一律用正楷或草书书写。（　）
9. 对于不真实、不合法的原始凭证，会计人员应要求有关经办人员及财务负责人签字后，再正式办理会计手续。（　）
10. 如果原始凭证发生错误，应由出具单位进行更正，并在更正处加盖印章。（　）

项目三

记录经济业务，掌握填制与审核记账凭证的方法

一、实训目标：实训目的与要求

通过实训，使学生掌握常用会计科目及账户的分类、结构；掌握借贷记账法及企业从筹资、采购、生产、销售到财务成果形成业务各环节经济业务的会计分录的编制方法；掌握记账凭证的种类、内容与填制和审核方法；能正确登记有关账户并进行试算平衡，正确计算账户余额；掌握传递与装订会计凭证的方法。

二、实训准备：实训器材与用具

记账凭证、黑色水笔、红色水笔、计算器、直尺。

三、练一练：实训练习题

（一）单项选择题

1. 下列属于资产的是（ ）。
   A. 应收账款　　　　B. 预收账款　　　　C. 应付账款　　　　D. 应交税费
2. 企业的原材料属于会计要素中的（ ）。
   A. 资产　　　　　　B. 负债　　　　　　C. 所有者权益　　　D. 权益
3. 下列各项中，应当确认为负债的是（ ）。
   A. 因购买生产设备而已支付的设备款　　B. 因违规而已支付的税款滞纳金
   C. 因出售商品而应交纳的增值税　　　　D. 因向 A 公司投资而已支付的款项
4. 下列各项中，属于流动负债的是（ ）。
   A. 应付债券　　　　B. 预收款项　　　　C. 应收及预付款　　D. 存货
5. 未分配利润属于（ ）科目。
   A. 资产　　　　　　B. 负债　　　　　　C. 所有者权益　　　D. 成本
6. 下列关于所有者权益的表述中，不正确的是（ ）。
   A. 所有者权益是企业所有者对企业净资产的所有权
   B. 所有者权益的金额等于资产减去负债后的净额

C. 所有者权益是指企业所有者对企业资产的剩余索取权
D. 所有者权益包括实收资本（或股本）、资本公积、盈余公积和主营业务收入等

7. 下列各项中，不属于所有者权益的是（　　）。
   A. 实收资本　　　B. 盈余公积　　　C. 未分配利润　　　D. 净利润

8. 下列属于反映企业财务状况的会计要素的是（　　）。
   A. 收入　　　B. 所有者权益　　　C. 费用　　　D. 利润

9. 所有者权益从数量上看，是（　　）。
   A. 流动资产减去流动负债的余额　　　B. 长期资产减去长期负债的余额
   C. 全部资产减去流动负债的余额　　　D. 全部资产减去全部负债的余额

10. 一个企业的资产总额与权益总额（　　）。
    A. 必然相等　　　　　　　　　　　　B. 有时相等
    C. 不会相等　　　　　　　　　　　　D. 只有在期末时相等

11. 一个企业的资产总额与所有者权益总额（　　）。
    A. 必然相等　　　　　　　　　　　　B. 有时相等
    C. 不会相等　　　　　　　　　　　　D. 只有在期末时相等

12. 一项资产增加，一项负债增加的经济业务发生后，会使资产与权益原来的总额（　　）。
    A. 发生同增的变动　　　　　　　　　B. 发生同减的变动
    C. 不会变动　　　　　　　　　　　　D. 发生不等额的变动

13. 某企业刚刚成立时，权益总额为80万元，现发生一笔以银行存款10万元偿还银行借款的经济业务，此时，该企业的资产总额为（　　）万元。
    A. 80　　　B. 90　　　C. 100　　　D. 70

14. 某企业资产总额为500万元，所有者权益为400万元，则向银行借入70万元借款后，负债总额为（　　）万元。
    A. 470　　　B. 170　　　C. 570　　　D. 30

15. 某公司2019年年初资产总额5 000 000元，负债总额2 000 000元，当年接受投资者投资500 000元，从银行借款1 000 000元。该公司2019年年末所有者权益应为（　　）元。
    A. 2 500 000　　　B. 1 500 000　　　C. 3 500 000　　　D. 5 000 000

16. 企业收入的发生往往会引起（　　）。
    A. 负债增加　　　　　　　　　　　　B. 资产减少
    C. 资产增加　　　　　　　　　　　　D. 所有者权益减少

17. 下列经济业务中，只能引起同一会计要素内部增减变动的业务是（　　）。
    A. 取得借款存入银行　　　　　　　　B. 用银行存款归还前欠货款
    C. 用银行存款购买材料　　　　　　　D. 赊购原材料

18. 企业购入原材料一批，价值11 600元，款项尚未支付。这项经济业务会计要素的变化是（　　）。
    A. 一项负债增加，另一项负债减少　　B. 一项资产增加，一项负债增加
    C. 一项资产增加，另一项资产减少　　D. 一项资产增加，一项所有者权益增加

19. 某公司购入机器设备一台共90 000元，机器已投入使用，货款尚未支付。这项业务的发生意味着（　　）。

A. 资产增加 90 000，负债减少 90 000　　B. 资产增加 90 000，负债增加 90 000
C. 资产减少 90 000，负债减少 90 000　　D. 资产减少 90 000，负债增加 90 000

20. 下列会计业务中会使企业月末资产总额发生变化的是（　　）。
A. 从银行提取现金　　　　　　　　　　B. 购买原材料，货款未付
C. 购买原材料，货款已付　　　　　　　D. 现金存入银行

21. 以银行存款 50 000 元偿还企业前欠货款，这项经济业务所引起的会计要素变动情况属于（　　）。
A. 一项资产与一项负债同时增加　　　　B. 一项资产与一项负债同时减少
C. 一项资产增加，另一项资产减少　　　D. 一项负债增加，另一项负债减少

22. 银行将短期借款转为对本公司的投资，这项经济业务将引起本公司（　　）。
A. 资产减少、所有者权益增加　　　　　B. 负债增加、所有者权益减少
C. 负债减少、所有者权益增加　　　　　D. 负债减少、资产增加

23. 企业收回应收账款 10 000 元，存入银行，这一业务引起变化的会计要素是（　　）。
A. 权益总额不变　　　　　　　　　　　B. 资产增加，负债增加
C. 资产增加，负债减少　　　　　　　　D. 资产减少，负债增加

24. 企业以银行存款支付应付账款，会引起相关会计要素变化。下列表述中，正确的是（　　）。
A. 一项资产增加，另一项资产的减少　　B. 一项资产减少，一项负债增加
C. 一项资产减少，一项负债减少　　　　D. 一项负债减少，另一项负债增加

25. 引起资产和权益同时减少的业务是（　　）。
A. 用银行存款偿还应付账款　　　　　　B. 向银行借款直接偿还应付账款
C. 购买材料货款暂未支付　　　　　　　D. 工资计入产品成本但暂未支付

26. 会计科目是对（　　）。
A. 会计对象分类所形成的项目　　　　　B. 会计要素分类所形成的项目
C. 会计方法分类所形成的项目　　　　　D. 会计账户分类所形成的项目

27. 下列会计科目中，属于所有者权益类会计科目的有（　　）。
A. 利润分配　　　B. 应付债券　　　C. 所得税费用　　　D. 短期借款

28. 会计账户的设置依据是（　　）。
A. 会计对象　　　B. 会计要素　　　C. 会计科目　　　D. 会计方法

29. 进行复式记账时，对任何一项经济业务登记的账户数量应是（　　）。
A. 一个　　　　　　　　　　　　　　　B. 两个
C. 三个　　　　　　　　　　　　　　　D. 两个或两个以上

30. 下列关于借贷记账法的说法中，错误的是（　　）。
A. 以"借"和"贷"为记账符号
B. 以"资产 = 负债 + 所有者权益"为记账原理
C. 以"有借必有贷，借贷必相等"为记账规则
D. 无论哪种账户，借方表示增加，贷方表示减少

31. 下列不符合借贷记账法记账规则的是（　　）。
A. 资产所有者权益同时减少　　　　　　B. 资产负债同时减少

C. 资产负债同时增加　　　　　　　　D. 两项资产同时增加

32. 借贷记账法下的"借"表示（　　）。
A. 费用增加　　　　　　　　　　　B. 负债增加
C. 所有者权益增加　　　　　　　　D. 收入增加

33. 下列关于借贷记账法下账户的结构说法错误的是（　　）。
A. 损益类账户和负债类账户结构类似
B. 资产类账户和成本类账户结构相同
C. 所有者权益类账户和损益类账户中的收入类账户结构相似
D. 损益类账户期末结转后一般无余额

34. 按照借贷记账法下的账户结构，下列项目中，（　　）类账户与负债类账户结构相同。
A. 资产　　　　B. 成本　　　　C. 费用　　　　D. 所有者权益

35. 在借贷记账法下，资产类账户的结构特点是（　　）。
A. 借方记增加，贷方记减少，余额在借方
B. 贷方记增加，借方记减少，余额在贷方
C. 借方记增加，贷方记减少，一般无余额
D. 贷方记增加，借方记减少，一般无余额

36. 采用借贷记账法时，损益支出类账户的结构特点是（　　）。
A. 借方登记增加，贷方登记减少，期末余额在借方
B. 借方登记减少，贷方登记增加，期末余额在贷方
C. 借方登记增加，贷方登记减少，期末一般无余额
D. 借方登记减少，贷方登记增加，期末一般无余额

37. 下列选项中，期末结转后无余额的账户是（　　）。
A. 应付利润　　　　　　　　　　　B. 实收资本
C. 利润分配　　　　　　　　　　　D. 主营业务成本

38. 负债和所有者权益类账户的期末余额一般在（　　）。
A. 借方　　　　B. 贷方　　　　C. 无余额　　　　D. 都可以

39. （　　）账户年末结转后一定没有余额。
A. 库存现金　　B. 资本公积　　C. 本年利润　　　D. 短期借款

40. 在借贷记账法下，所有者权益账户的期末余额等于（　　）。
A. 期初贷方余额 + 本期贷方发生额 – 本期借方发生额
B. 期初借方余额 + 本期贷方发生额 – 本期借方发生额
C. 期初借方余额 + 本期借方发生额 – 本期贷方发生额
D. 期初贷方余额 + 本期借方发生额 – 本期贷方发生额

41. 下列各项中，属于"实收资本"账户的期末余额的计算公式是（　　）。
A. 期末余额 = 期初余额 + 本期借方发生额 + 本期贷方发生额
B. 期末余额 = 期初余额 + 本期借方发生额 – 本期贷方发生额
C. 期末余额 = 期初余额 – 本期借方发生额 – 本期贷方发生额
D. 期末余额 = 期初余额 – 本期借方发生额 + 本期贷方发生额

42. 某企业"原材料"账户月初余额为 380 000 元，本月验收入库的原材料共计 240 000 元，发出材料共计 320 000 元。月末，该企业"原材料"账户（　　）。
   A. 余额在借方，金额为 460 000 元　　　B. 余额在贷方，金额为 460 000 元
   C. 余额在借方，金额为 300 000 元　　　D. 余额在贷方，金额为 300 000 元

43. ×企业"库存现金"科目的期初余额为 880 元，当月购买办公用品支付库存现金 200 元，企业销售人员出差报销支付库存现金 600 元，到银行提取库存现金 500 元，则该企业"库存现金"科目的期末余额应为（　　）元。
   A. 580　　　B. 1 080　　　C. 780　　　D. 1 300

44. "应付账款"账户的期初余额为贷方 1 500 元，本期贷方发生额 3 000 元，借方发生额 2 500 元，则该账户的期末余额为（　　）元。
   A. 借方 1 000　　　B. 贷方 1 000　　　C. 贷方 2 000　　　D. 借方 2 000

45. 某企业"长期借款"账户期末贷方余额为 100 000 元，本期共增加 60 000 元，减少 80 000 元，则该账户的期初余额为（　　）万元。
   A. 借方 80 000　　　B. 贷方 80 000　　　C. 借方 120 000　　　D. 贷方 120 000

46. "预收账款"账户的期初余额为贷方 49 000 元，本期借方发生额 25 000 元，贷方发生额 33 900 元，则本期期末余额为（　　）元。
   A. 贷方 57 900　　　B. 借方 57 900　　　C. 贷方 57 000　　　D. 借方 57 000

47. 下列各项中，能通过试算平衡查找的错误是（　　）。
   A. 某项经济业务未记账　　　B. 应借应贷账户中借贷方向颠倒
   C. 某项经济业务重复记账　　　D. 应借应贷账户中借贷金额不相等

48. 余额试算平衡方法是根据（　　）来确定的。
   A. 借贷记账法的记账规则　　　B. 资产 = 负债 + 所有者权益
   C. 收入 – 费用 = 利润　　　D. 平行登记原则

49. 在借贷记账法下，发生额试算平衡法的平衡公式是（　　）。
   A. 全部账户本期借方发生额合计 = 全部账户本期贷方发生额合计
   B. 全部账户本期借方期初余额合计 = 全部账户本期借方期末余额合计
   C. 全部账户本期贷方期初余额合计 = 全部账户本期贷方期末余额合计
   D. 全部账户本期借方期初余额合计 = 全部账户本期贷方期末余额合计

50. 企业计提短期借款的利息支出时应借记账户（　　）。
   A. "财务费用"　　　B. "短期借款"　　　C. "应付利息"　　　D. "在建工程"

51. 某企业本月生产 A 产品耗用生产工时 240 小时，生产 B 产品耗用生产工时 360 小时。本月发生车间管理人员工资 6 万元，产品生产人员工资 60 万元。该企业按生产工时分配制造费用，假设不考虑其他项目，则本月 B 产品应负担的制造费用为（　　）万元。
   A. 2.4　　　B. 2.64　　　C. 3.6　　　D. 3.96

52. 以库存现金支付本月工资 120 000 元，应编制会计分录为（　　）
   A. 借：应付职工薪酬——工资　　　　　　　　　　120 000
         贷：库存现金　　　　　　　　　　　　　　　　　　　120 000
   B. 借：库存现金　　　　　　　　　　　　　　　120 000
         贷：银行存款　　　　　　　　　　　　　　　　　　　120 000

C. 借：银行存款　　　　　　　　　　　　　　　　　　120 000
　　　　贷：应付职工薪酬——工资　　　　　　　　　　　　　　120 000
　　D. 借：应付职工薪酬——工资　　　　　　　　　　　　120 000
　　　　贷：银行存款　　　　　　　　　　　　　　　　　　　　120 000

53. 2019年8月5日，仓库发出某材料1 000千克，单价5元/千克，共计5 000元，用于生产G产品。该项经济业务编制的会计分录为（　　）。
　　A. 借：制造费用　　　　　　　　　　　　　　　　　　5 000
　　　　贷：原材料　　　　　　　　　　　　　　　　　　　　　5 000
　　B. 借：管理费用　　　　　　　　　　　　　　　　　　5 000
　　　　贷：原材料　　　　　　　　　　　　　　　　　　　　　5 000
　　C. 借：销售费用　　　　　　　　　　　　　　　　　　5 000
　　　　贷：原材料　　　　　　　　　　　　　　　　　　　　　5 000
　　D. 借：生产成本　　　　　　　　　　　　　　　　　　5 000
　　　　贷：原材料　　　　　　　　　　　　　　　　　　　　　5 000

54. 下列费用中，不构成产品成本，而应直接计入当期损益的是（　　）。
　　A. 直接材料费　　B. 直接人工费　　C. 期间费用　　D. 制造费用

55. 某企业2019年8月发生如下费用：计提车间用固定资产折旧30万元，发生车间管理人员薪酬120万元，支付广告费90万元，计提短期借款利息60万元，支付业务招待费30万元，支付罚款支出20万元，则该企业本期的期间费用总额为（　　）万元。
　　A. 150　　B. 180　　C. 300　　D. 350

56. 由生产产品、提供劳务负担的职工薪酬，应当计入（　　）。
　　A. 管理费用　　　　　　　　　　　B. 存货成本或劳务成本
　　C. 期间费用　　　　　　　　　　　D. 销售费用

57. 某企业"生产成本"账户的期初余额为80万元，本期为生产产品发生直接材料费用640万元、直接人工费用120万元、制造费用160万元、企业行政管理费用80万元，本期结转完工产品成本640万元，假定该企业只生产一种产品，则该企业期末"生产成本"账户的余额为（　　）万元。
　　A. 200　　B. 280　　C. 360　　D. 440

58. 企业收回某公司所欠货款现金500元，应（　　）。
　　A. 借记"库存现金"　　　　　　　　B. 贷记"库存现金"
　　C. 借记"银行存款"　　　　　　　　D. 贷记"银行存款"

59. 企业在结转销售商品成本时，应借记的账户是（　　）。
　　A. 原材料　　B. 库存商品　　C. 主营业务成本　　D. 周转材料

60. 某企业销售一批商品，增值税专用发票上标明的价款为300万元，适用的增值税税率为13%，为购买方代垫运杂费10万元，款项尚未收回，该企业确认的应收账款为（　　）万元。
　　A. 300　　B. 310　　C. 351　　D. 349

61. 某企业2019年8月实现的主营业务收入为500万元，投资收益为50万元；发生的主营业务成本为400万元，管理费用为25万元，资产减值损失为10万元，假定不考虑其他因素，该企业8月份的营业利润为（　　）万元。

A. 65　　　　　　B. 75　　　　　　C. 90　　　　　　D. 115

62. 已知某企业本年累计营业利润总额3 000 000元，本期共发生资产减值损失100 000元，营业外收入300 000元，营业外支出200 000元。那么，企业本期利润总额共计（　　）元。

A. 3 000 000　　　B. 2 900 000　　　C. 3 100 000　　　D. 3 300 000

63. 企业从税后利润中提取法定盈余公积金时，应贷记的账户是（　　）。

A. "营业外收入"账户　　　　　　B. "实收资本"账户

C. "资本公积"账户　　　　　　　D. "盈余公积"账户

64. 某企业年初未分配利润为200万元，本年实现的净利润为2 000万元，按10%计提法定盈余公积金，按5%计提任意盈余公积金，宣告发入现金股利160万元，则企业本年末的未分配利润为（　　）万元。

A. 1 710　　　　　B. 1 734　　　　　C. 1 740　　　　　D. 1 748

65. 货币收付以外的业务应编制（　　）。

A. 收款凭证　　　B. 付款凭证　　　C. 转账凭证　　　D. 原始凭证

66. 企业外购一批材料已验收入库，货款已付。根据这笔业务的有关原始凭证，应该填制的记账凭证是（　　）。

A. 收款凭证　　　B. 付款凭证　　　C. 转账凭证　　　D. 累计凭证

67. 某公司出纳小郑到开户银行提取现金5 000元，单位记账人员应根据有关原始凭证编制（　　）。

A. 现金收款凭证　　　　　　　　B. 现金付款凭证

C. 银行存款付款凭证　　　　　　D. 银行存款收款凭证

68. 下列经济业务中应填制库存现金收款凭证的是（　　）。

A. 从银行提取现金

B. 出售材料收到一张转账支票

C. 将现金存入银行

D. 收到职工报销差旅费归还的原预借多余现金

69. 企业购进原材料60 000元，款项未付。该笔经济业务应编制的记账凭证是（　　）。

A. 收款凭证　　　B. 付款凭证　　　C. 转账凭证　　　D. 以上均可

70. 下列业务中应该编制收款凭证的是（　　）。

A. 购买原材料用银行存款支付　　　B. 收到销售商品的款项

C. 购买固定资产，款项尚未支付　　D. 销售商品，收到商业汇票一张

71. 付款凭证左上角的"贷方科目"可能登记的科目是（　　）。

A. 预付账款　　　B. 银行存款　　　C. 预收账款　　　D. 应付账款

72. 企业的一笔经济业务涉及会计科目较多，需填制多张记账凭证的，最好采用的编号方法是（　　）。

A. 连续编号法　　B. 分数编号法　　C. 统一编号法　　D. 顺序编号法

73. 某企业根据一张发料凭证汇总表编制记账凭证，由于涉及项目较多，需填制两张记账凭证，则记账凭证编号为（　　）。

A. 付字第××1/2号和付字第××2/2号　　B. 收字第××号

C. 转字第××1/2 号和转字第××2/2 号　　D. 转字第××号

74. 下列内容中，不属于记账凭证审核内容的是（　　）。
A. 凭证是否符合有关的计划和预算
B. 会计科目使用是否正确
C. 凭证的金额与所附原始凭证的金额是否一致
D. 凭证的内容与所附原始凭证的内容是否一致

75. 下列说法中，正确的有（　　）。
A. 原始凭证附在记账凭证后面的顺序可与记账凭证所记载的内容顺序不一致
B. 凭证装订工作不一定非得在月底所有凭证都填制完毕后再进行，平时在凭证达到一定数量时就可以装订成册
C. 即使每个月单位业务量小，凭证不多，也不可把若干个月份的凭证合并订成一册
D. 装订成册的会计凭证应集中保管，可由单位的任何人保管

（二）多项选择题

1. 会计要素包括（　　）。
A. 资产　　　　　　B. 负债　　　　　　C. 收入　　　　　　D. 所有者权益

2. 企业的资产按流动性可以分为（　　）。
A. 流动资产　　　　B. 非流动资产　　　C. 长期股权投资　　D. 无形资产

3. 资产的特征包括（　　）。
A. 由过去的交易或事项形成　　　　　　B. 必须是有形的
C. 企业拥有或者控制的　　　　　　　　D. 预期能够给企业带来未来的经济利益

4. 关于负债，下列各项表述中正确的是（　　）。
A. 负债按其流动性不同，分为流动负债和非流动负债
B. 负债是在未来某一时日通过交付资产和提供劳务来清偿
C. 正在筹划的未来交易事项，也会产生负债
D. 负债是企业由于过去的交易或事项而承担的将来义务

5. 按照企业从事日常活动的性质，收入有（　　）。
A. 销售商品取得收入　　　　　　　　　B. 提供劳务取得收入
C. 让渡资产使用权取得收入　　　　　　D. 主营业务取得收入

6. 下列属于期间费用的是（　　）。
A. 管理费用　　　　B. 财务费用　　　　C. 销售费用　　　　D. 制造费用

7. 下列项目中，属于费用要素特点的有（　　）。
A. 与向所有者分配利润无关
B. 企业在日常活动中发生的经济利益的总流入
C. 经济利益的流出额能够可靠计量
D. 会导致所有者权益减少

8. 下列等式中属于正确的会计等式的有（　　）。
A. 资产＝权益
B. 资产＝负债＋所有者权益
C. 收入－费用＝利润

D. 资产＝负债＋所有者权益＋（收入－费用）

9. 属于引起会计等式左右两边会计要素变动的经济业务有（　　）。

A. 收到某单位前欠货款 20 000 元存入银行

B. 以银行存款偿还银行借款

C. 收到某单位投来机器一台，价值 80 万元

D. 以银行存款偿还前欠货款 10 万元

10. 属于只引起会计等式左边会计要素内部变动的经济业务有（　　）。

A. 购买材料 800 元，货款暂欠

B. 银行提取现金 500 元

C. 购买机器一台，以存款支付 10 万元货款

D. 接受国家投资 200 万元

11. 下列选项中，不会使"资产＝负债＋所有者权益"会计等式两边总额发生变动的有（　　）。

A. 资产内部项目有增有减　　　　　　B. 资产和负债项目同增同减

C. 负债和所有者权益项目有增有减　　D. 资产和所有者权益项目同增同减

12. 任何一项经济业务都不会导致（　　）。

A. 资产增加，所有者权益减少，负债不变

B. 资产增加，所有者权益增加，负债不变

C. 负债减少，所有者权益增加，资产不变

D. 负债减少，资产增加，所有者权益不变

13. 下列经济业务会引起资产总额发生变化的是（　　）。

A. 从银行提取现金　　　　　　　　　B. 购入材料 50 000 元，货款未付

C. 投资者投入设备一台　　　　　　　D. 以银行存款归还前欠货款

14. 下列会计科目中，贷记银行存款，同时借记的可能有（　　）。

A. 库存现金　　　B. 本年利润　　　C. 应交税费　　　D. 管理费用

15. 下列等式正确的是（　　）。

A. 期末余额＝期初余额＋本期增加数－本期减少数

B. 期末余额＝本期增加发生额－本期减少发生额

C. 期末余额＝本期增加数

D. 期末余额＋本期减少数＝期初余额＋本期增加数

16. 借贷记账法的记账符号"贷"对于下列会计要素表示增加的有（　　）。

A. 资产　　　　　B. 负债　　　　　C. 所有者权益　　　D. 收入

17. 下列账户中，用贷方登记增加数的账户有（　　）。

A. "应付账款"　　B. "实收资本"　　C. "累计折旧"　　D. "盈余公积"

18. 采用借贷记账法时，账户的借方一般用来登记（　　）。

A. 资产的增加　　B. 收入的减少　　C. 费用的增加　　D. 负债的增加

19. 关于借贷记账法下的账户结构，下列说法中正确的有（　　）。

A. 资产类账户的借方表示增加，贷方表示减少

B. 权益类账户的贷方表示增加，借方表示减少

C. 资产类账户的期初和期末余额一般在借方
D. 权益类账户的期初和期末余额一般在贷方

20. 下列各项中，在借贷记账法下，关于负债类账户结构描述正确的有（　　）。
A. 期末余额一般在贷方
B. 借方登记减少额
C. 贷方登记增加额
D. 期末贷方余额 = 期初贷方余额 + 本期贷方发生额 – 本期借方发生额

21. 关于费用支出类账户的余额，下列表述不正确的是（　　）。
A. 一般在借方　　　　　　　　　　　B. 一般在贷方
C. 通常没有余额　　　　　　　　　　D. 借方或贷方均有可能

22. 负债类账户与（　　）账户记录的增减的方向一致。
A. 主营业务收入　　　　　　　　　　B. 主营业务成本
C. 营业外收入　　　　　　　　　　　D. 营业外支出

23. 借贷记账法的贷方表示（　　）。
A. 资产的增加　　　　　　　　　　　B. 成本的减少
C. 所有者权益的增加　　　　　　　　D. 负债的增加

24. 以下会计分录中，属于复合会计分录的有（　　）。
A. 借：原材料
　　　贷：银行存款
B. 借：银行存款
　　　贷：主营业务收入
　　　　　应交税费——应交增值税
C. 借：生产成本
　　　　制造费用
　　　贷：原材料
D. 借：财务费用
　　　贷：应付利息
　　借：应付利息
　　　贷：银行存款

25. 下列各项中，属于会计分录的形式有（　　）。
A. 多借多贷　　　　　　　　　　　　B. 一借多贷
C. 多借一贷　　　　　　　　　　　　D. 一借一贷

26. 企业的主要经济业务一般有（　　）。
A. 筹集资金业务　　　　　　　　　　B. 材料采购业务
C. 产品生产业务　　　　　　　　　　D. 产品销售业务

27. 下列关于"管理费用"账户说法正确的有（　　）。
A. 该账户借方登记本期发生的各项开支
B. 该账户贷方登记期末结转"本年利润"的本期各项开支
C. 该账户结转"本年利润"后，无余额

D. 该账户应结转至"本年利润"的贷方

28. 某企业 8 月工资分配如下：生产甲产品的工人工资 46 500 元，生产乙产品的工人工资 23 500 元，车间管理人员工资 8 000 元，行政管理人员工资 42 000 元。那么，下列分录中错误的有（　　）。

  A. 借：生产成本——甲产品   46 500
      ——乙产品   23 500
    制造费用   8 000
    管理费用   42 000
    贷：应付职工薪酬——工资   120 000
  B. 借：生产成本——甲产品   46 500
      ——乙产品   23 500
    管理费用   50 000
    贷：应付职工薪酬——工资   120 000
  C. 借：生产成本   78 000
    管理费用   42 000
    贷：应付职工薪酬——工资   120 000
  D. 借：生产成本——甲产品   46 500
      ——乙产品   23 500
    销售费用   8 000
    管理费用   42 000
    贷：应付职工薪酬——工资   120 000

29. 下列关于"生产成本"科目的表述中，正确的有（　　）。
  A. 主要用于核算企业生产过程中发生的各项费用
  B. 借方反映所发生的各项生产费用
  C. 贷方反映完工转出的产品成本
  D. 期末借方余额反映尚未加工完成的各项在产品的成本

30. 企业生产车间领用的材料，可能计入的会计科目有（　　）。
  A. 销售费用   B. 制造费用   C. 管理费用   D. 生产成本

31. 下列费用中，应计入制造费用的有（　　）。
  A. 车间办公费   B. 车间设备折旧费
  C. 车间机物料消耗   D. 车间管理人员的工资

32. 甲公司于 2019 年 6 月 20 日向乙企业销售一批商品，成本为 50 000 元，增值税发票上注明价款 60 000 元，增值税额 7 800 元。货款未收。6 月 30 日，甲公司收到货款。以下甲公司会计处理方法正确的是（　　）。

  A. 6 月 20 日销售商品时
    借：应收账款   50 000
     贷：库存商品   50 000
  B. 6 月 20 日销售商品时
    借：应收账款——乙企业   67 800

        贷：主营业务收入　　　　　　　　　　　　　　　　　　　　　　60 000
          　应交税费——应交增值税（销项税额）　　　　　　　　　7 800
    C. 结转商品成本
      借：主营业务成本　　　　　　　　　　　　　　　　　　　　　　50 000
        贷：库存商品　　　　　　　　　　　　　　　　　　　　　　　　50 000
    D. 6 月 30 日，收到货款时
      借：银行存款　　　　　　　　　　　　　　　　　　　　　　　　67 800
        贷：应收账款——乙企业　　　　　　　　　　　　　　　　　　67 800
33. ×企业销售一批商品，增值税专用发票注明售价为 100 000 元，增值税 13 000 元，款项尚未收到，但已符合收入的确认条件。若该批商品成本为 70 000 元，则（　　）。
    A. 应确认"应收账款"113 000 元　　　B. 应确认"主营业务收入"100 000 元
    C. 应确认"主营业务成本"70 000 元　　D. "库存商品"科目减少 70 000 元
34. 企业当年实现净利润 100 万元，按 25% 的所得税税率计算，本年度应缴所得税为 25 万元，则该项经济业务涉及的账户有（　　）。
    A. 应交税费　　　　　　　　　　　　　B. 税金及附加
    C. 应交所得税　　　　　　　　　　　　D. 所得税费用
35. 李林出差回来，报销差旅费 1 200 元，原借款 1 500 元，交回剩余现金 300 元。这笔业务应该（　　）。
    A. 只编制 300 元现金收款凭证　　　　B. 根据 300 元编制现金收款凭证
    C. 根据 1 200 元编制转账凭证　　　　D. 编制 1 500 元转账凭证
36. 收款凭证的借方科目，不可能登记的有（　　）。
    A. 银行存款　　　B. 库存现金　　　C. 应付账款　　　D. 应收账款
37. 下列经济业务中，应填制付款凭证的是（　　）。
    A. 提现金备用　　　　　　　　　　　　B. 购买材料预付定金
    C. 购买材料未付款　　　　　　　　　　D. 以存款支付前欠某单位账款
38. 下列各项中，属于专用记账凭证的有（　　）。
    A. 收款凭证　　　B. 付款凭证　　　C. 转账凭证　　　D. 单式记账凭证
39. 下列关于会计凭证装订和保管的说法中，正确的有（　　）。
    A. 原始凭证较多时可以单独装订
    B. 装订成册的会计凭证要加具封面，并逐项填写封面内容
    C. 对会计凭证必须妥善整理和保管，不得丢失或任意销毁
    D. 装订成册的会计凭证应集中保管，并指定专人负责
40. 会计凭证的保管应做到（　　）。
    A. 定期归档以便查阅　　　　　　　　　B. 查阅会计凭证要有手续
    C. 由企业随意销毁　　　　　　　　　　D. 保证会计凭证的安全完整

（三）判断题

1. 依据《企业会计准则》，企业的会计对象共划分为资产、负债、净资产、收入、支出和结余六大会计要素。　　　　　　　　　　　　　　　　　　　　　　　　　　　　（　　）
2. 会计要素中既有反映财务状况的要素，也含反映经营成果的要素。　　　　（　　）

3. 资产包括固定资产和流动资产两部分。（   ）
4. 所有者权益是企业投资人对企业资产的所有权。（   ）
5. 收入是指企业在日常活动中形成的、与所有者投入资本无关、会导致所有者权益增加的经济利益的总流入。（   ）
6. 企业取得收入，便意味着利润可能形成。（   ）
7. 收入类账户与费用类账户一般没有期末余额，但有期初余额。（   ）
8. 管理费用和制造费用一样都属于期间费用。（   ）
9. 净利润是指营业利润减去所得税后的金额。（   ）
10. 企业的利润包括主营业务收入、其他业务收入和营业外收支净额。（   ）
11. 会计恒等式就是指"有借必有贷，借贷必相等"。（   ）
12. 会计等式揭示了会计要素之间的平衡关系，因而成为设置会计科目、复式记账、编制会计报表等会计核算方法的理论依据。（   ）
13. 不论发生什么样的经济业务，会计等式两边会计要素总额的平衡关系都不会破坏。（   ）
14. 企业收到某单位还来的前欠货款1万元，该项经济业务会引起会计等式左右两方会计要素产生同时增加的变化。（   ）
15. 向银行取得一笔短期借款并存入银行，会引起资产和负债同时增加。（   ）
16. 企业收回以前的销货款存入银行，则这笔业务的发生意味着资产总额增加。（   ）
17. 收入一定表现为企业资产的增加。（   ）
18. 会计科目仅是名称而已，若要体现会计要素的增减变化及变化后的结果，则要借助于账户。（   ）
19. 会计科目的简单格式分为左右两方，其中，左方表示增加，右方表示减少。（   ）
20. 会计科目是对会计要素分类所形成的项目。（   ）
21. 会计科目只有总分类科目一个级次。（   ）
22. 所有账户都是依据会计科目开设的。（   ）
23. 账户的基本结构是增加、减少、余额，所以账户的格式设计以这三方面的内容为基础。（   ）
24. 借贷记账法，借方表示增加，贷方表示减少，余额在借方。（   ）
25. 在借贷记账法下，账户用哪一方登记增加或减少取决于账户性质。（   ）
26. 一般而言，费用（成本）类账户结构与权益类账户相同，收入（利润）类账户结构与资产类账户相同。（   ）
27. 某企业银行存款期初借方余额为10万元，本期借方发生额为5万元，本期贷方发生额为3万元，则期末借方余额为12万元。（   ）
28. 通过试算平衡表检查账户记录是否正确，如果借贷平衡，就说明记账没错误。（   ）
29. 期末进行试算平衡时，全部资产类账户的本期借方发生额合计应当等于其贷方发生额合计。（   ）
30. "生产成本"是资产类账户，期末如有余额，表示尚未完工的在产品成本。（   ）
31. 管理费用是企业行政管理部门为组织和管理生产经营活动而发生的各项费用，包括行政人员的工资和福利费、办公费、折旧费、广告宣传费、借款利息等。（   ）

32. 生产部门人员的职工薪酬，借记"生产成本""制造费用"等账户，贷记"应付职工薪酬"账户。（　　）

33. "主营业务收入"账户是反映营业收入的账户，"其他业务收入"账户是反映非营业收入的账户。（　　）

34. "其他业务收入"账户是用以核算企业确认的除主营业务活动以外的其他经营活动实现的收入。（　　）

35. 某企业年初未分配利润200万元，本年实现净利润1 000万元，提取法定盈余公积金100万元，提取任意盈余公积金50万元，则该企业年末可供投资人分配的利润为850万元。（　　）

36. 收款凭证又分为现金收款凭证和银行存款收款凭证，应分别根据现金或银行存款付出的原始凭证填制。（　　）

37. 转账凭证是用来记录不涉及库存现金、银行存款收付款业务的凭证，它根据库存现金和银行存款收付以外的其他原始凭证填制。（　　）

38. 记账凭证填制完经济业务事项后，如有空行，应当自金额栏最后一笔金额数字下的空行处至合计数上的空行处文字注销。（　　）

39. 记账凭证应连续编号。一笔经济业务需要填制两张以上（含两张）记账凭证的，可以采用分数编号法编号。（　　）

40. 本单位档案机构为方便管理会计档案，可以根据需要对其拆封重新整理。（　　）

（四）业务题

1. 实训目的：练习对会计要素进行分类，并掌握它们之间的关系。

实训资料：江淮公司2019年11月末各项目数额如下：

（1）出纳员处存放现金1 700元。

（2）存入银行的存款2 939 300元。

（3）收到的资本金13 130 000元。

（4）三年期的借款500 000元。

（5）半年期的借款300 000元。

（6）原材料库存417 000元。

（7）生产车间正在加工的产品584 000元。

（8）产成品库存520 000元。

（9）应收外单位产品货款43 000元。

（10）应付外单位材料货款45 000元。

（11）公司办公楼价值5 700 000元。

（12）公司机器设备价值4 200 000元。

（13）公司运输设备价值530 000元。

（14）公司的资本公积金共250 000元。

（15）盈余公积金共440 000元。

（16）外欠某企业设备款200 000元。

（17）上年尚未分配的利润70 000元。

实训要求：根据上述资料对会计要素进行分类，并计算出各要素总额。

2. 实训目的：练习会计要素之间的相互关系。

实训资料：假设财东公司 2019 年 6 月 30 日资产、负债和所有者权益的状况见表 3-1。

表 3-1　资产和权益平衡表

2019 年 6 月 30 日

资产	金　额	负债及所有者权益	金　额
库存现金	300	短期借款	20 000
银行存款	100 000	应付账款	40 000
应收账款	60 000	应交税费	12 300
原材料	A	预收账款	8 000
库存商品	10 000	长期借款	B
固定资产	800 000	实收资本	500 000
无形资产	20 000	盈余公积	10 000
合计	1 040 300	合计	C

实训要求：（1）表 3-1 中应填数据 A、B、C 各是多少？

（2）计算该公司流动资产总额、负债总额和所有者权益总额。

3. 实训目的：分析经济业务对会计等式的影响。

实训资料：江大企业 1 月份发生如下经济业务：

（1）以银行存款支付材料款 2 000 元。

（2）购进并入库原材料 30 000 元，货款尚未支付。

（3）取得短期借款 9 000 元，存入银行。

（4）以银行存款偿还上月的原材料价款 6 000 元。

（5）从银行提取现金 8 000 元。

（6）以银行存款 50 000 购入机器设备

（7）投资人向企业投资 40 000 元存入银行。

实训要求：根据资料完成表 3-2。

表 3-2　企业的财务状况及增减变动表

单位：元

项　目	期初余额	本月增加额	本月减少额	期末余额
库存现金	1 000			
银行存款	70 000			
原材料	20 000			
固定资产	270 000			
应付账款	6 000			
短期借款	5 000			
实收资本	350 000			

4. 实训目的：熟悉各类会计科目的核算内容。

实训资料：德力斯企业的经济业务如下：

(1) 存放在银行里的款项 120 000 元。（   ）

(2) 存放在公司的现金 2 500 元。（   ）

(3) 仓库中存放的材料 160 000 元。（   ）

(4) 厂房 1 500 000 元。（   ）

(5) 所有者投入的资本 1 000 000 元。（   ）

(6) 向银行借入为期 4 个月的临时借款 300 000 元。（   ）

(7) 仓库中存放的已完工的产品 7 000 元。（   ）

(8) 设备 750 000 元。（   ）

(9) 尚待外付的款项 28 000 元。（   ）

(10) 应收外单位的款 120 000 元。（   ）

实训要求：判断上列各项经济业务所属的会计科目，将会计科目填入上述括号内。

5. 实训目的：掌握借贷记账法下的账户结构及账户金额指标的计算。

实训资料：风发公司 12 月 31 日有关账户的部分资料见表 3-3。

表 3-3　风发公司 12 月 31 日有关账户的部分资料表

单位：元

账户名称	期初余额		本期发生额		期末余额	
	借方	贷方	借方	贷方	借方	贷方
固定资产	800 000		440 000	20 000	（ ）	
银行存款	120 000		（ ）	160 000	180 000	
应付账款		160 000	140 000	120 000		（ ）
短期借款		90 000	（ ）	20 000		60 000
应收账款	（ ）		60 000	100 000	40 000	
实收资本		700 000	0	（ ）		1 240 000
其他应付款		50 000	50 000	0		（ ）

实训要求：根据账户期初余额、本期发生额和期末余额的计算方法，计算并填列表中括号内的数字。

6. 实训目的：掌握企业筹集资金业务的核算。

实训器材与用具：记账凭证。

实训资料：大地公司 2019 年 10 月份发生下列经济业务：

(1) 3 日，接受投资者张三投入企业的资本 80 000 元，款项存入银行。（记字 1 号，附件 2 张）

(2) 4 日，收到李四投资者投入的全新设备一套，投资双方确认价值为 200 000 元，相关手续已办妥。（记字 2 号，附件 1 张）

(3) 14 日，从银行取得期限为 4 个月的生产经营用借款 600 000 元，所有的借款已存入开户银行。（记字 3 号，附件 2 张）

（4）31 日，上述借款年利率 4%，根据与银行签订的借款协议：该项借款的利息分月支付，本月支付短期借款利息 2 000 元。（记字 4 号，附件 1 张）

（5）31 日，从银行取得期限为 2 年的借款 1 000 000 元，借款已存入开户银行。（记字 5 号，附件 2 张）

实训要求：根据上述经济业务填制记账凭证。

7. 实训目的：掌握企业材料采购业务的核算。

实训器材与用具：记账凭证。

实训资料：麦德企业 2019 年 5 月发生如下材料采购业务：

（1）4 日，企业向 Z 工厂购买甲材料，收到 Z 工厂开来的专用发票，载明数量 3 000 千克，单价 2 元，价款 6 000 元，增值税额为 780 元，价税合计 6 780 元，材料尚未到达，以银行存款支付。（记字 1 号，附件 2 张）

（2）8 日，企业根据合同规定，以银行存款 27 120 元预付达美工厂购买乙材料款。（记字 2 号，附件 2 张）

（3）10 日，收到达美工厂专用发票载明乙材料 8 000 千克，每千克 3 元，价款 24 000 元，增值税款 3 120 元，价税合计为 27 120 元，材料尚未达到。（记字 3 号，附件 1 张）

（4）15 日，企业以银行存款 550 元支付上述甲、乙两种材料的运费，以甲、乙两种材料的重量比例作为分配标准分摊运费。（记字 4 号，附件 2 张）

（5）24 日，企业以银行存款 5 260 元偿还前欠 K 工厂货款。（记字 5 号，附件 1 张）

（6）30 日，甲、乙两种材料已验收入库，结转其实际采购成本。（记字 6 号，附件 2 张）

实训要求：根据上述经济业务填制记账凭证。

8. 实训目的：掌握产品生产过程业务的核算。

实训器材与用具：记账凭证。

实训资料：大树公司 2019 年 9 月发生如下经济业务：

（1）1 日，车间管理人员报销办公费 800 元，以库存现金付讫。（记字 1 号，附件 2 张）

（2）15 日，车间领用材料一批，价值 2 400 元。（记字 2 号，附件 1 张）

（3）21 日，生产 A 产品领用材料 150 000 元，生产 B 产品领用材料 190 000 元。（记字 3 号，附件 2 张）

（4）30 日，以银行存款支付应由本月车间负担的财产保险费 500 元。（记字 4 号，附件 2 张）

（5）30 日，以银行存款支付应由本月车间水电费 16 000 元。（记字 5 号，附件 2 张）

（6）30 日，以银行存款支付应由本月车间负担的房屋租金 1 300 元。（记字 6 号，附件 2 张）

（7）30 日，从银行提现 121 600 元，以备发放工资。（记字 7 号，附件 1 张）

（8）30 日，以现金支付职工工资 121 600 元。（记字 8 号，附件 2 张）

（9）30 日，结转本月应付职工工资 121 600 元，其中，A 产品工人工资 60 000 元，B 产品工人工资 40 000 元，车间人员工资 21 600 元。（记字 9 号，附件 1 张）

（10）30 日，计提本月生产部门使用固定资产折旧费 17 000 元。（记字 10 号，附件 1 张）

（11）30 日，第二生产车间耗用材料一批，价值 2 000 元。（记字 11 号，附件 1 张）

（12）30 日，按 A、B 产品的生产工时分配结转本月制造费用，其中，A 产品生产工时 3 000 小时，B 产品生产工时 2 000 小时。（记字 12 号，附件 1 张）

（13）30 日，本月生产的 A 产品全部完工验收入库，B 产品全部未完工。结转本月完工产品的生产成本。（记字 13 号，附件 1 张）

实训要求：根据上述经济业务填制记账凭证。

9. 实训目的：掌握产品销售过程业务的核算。

实训器材与用具：记账凭证。

实训资料：祥和鸟企业 2019 年 8 月发生如下产品销售业务：

（1）6 日，企业销售给兴旺公司甲产品 15 件，每件售价 200 元，按规定计算应交增值税 390 元，价税合计 3 390 元，已收到存入银行。（记字 1 号，附件 2 张）

（2）10 日，企业销售给达达实业有限公司乙产品 60 件，每件售价为 450 元，按规定计算应交增值税 3 510 元，款项已收到存入银行。（记字 2 号，附件 2 张）

（3）24 日，企业又销售给兴旺公司甲产品 30 件，每件售价 200 元，按规定计算应交增值税 780 元，款项 6 780 元，货款及增值税款尚未收到。（记字 3 号，附件 1 张）

（4）25 日，根据合同规定，预收大江公司购买乙产品 10 件，价税款 5 085 元存入银行。（记字 4 号，附件 2 张）

（5）28 日，企业又销售给大江公司乙产品 13 件，每件售价 450 元，价款 5 850 元，按规定计算应交增值税 760.5 元，购货单位已预付 5 085 元，差额款 1 525.5 元已经收到，并存入银行。（记字 5 号，附件 2 张）

（6）29 日，企业以银行存款支付销售产品的广告费 1 600 元。（记字 6 号，附件 3 张）

（7）31 日，结转甲产品销售成本 4 500 元，乙产品销售成本 14 000 元。（记字 7 号，附件 2 张）

（8）31 日企业售出甲材料 12 吨，价款 12 000 元，增值税 1 560 元，价税合计 13 560 元存入银行。（记字 8 号，附件 2 张）

（9）31 日，结转出售甲材料的成本 6 000 元。（记字 9 号，附件 1 张）

实训要求：根据上述经济业务填制记账凭证。

10. 实训目的：掌握财务成果的核算。

实训器材与用具：记账凭证。

实训资料：华商企业 2019 年 11 月发生如下经济业务。

（1）1 日，销售给兰芝公司 A 产品 20 台，每台售价 700 元，B 产品 12 台，每台售价 300 元，增值税率 13%，收到兰芝公司银行转账支票。（记字 1 号，附件 2 张）

（2）3 日，销售给博美公司 A 产品 10 台，每台售价 800 元，B 产品 30 台，每台售价 200 元，增值税率 13%，货款尚未收到。（记字 2 号，附件 1 张）

（3）5 日，以银行存款支付广告推广费共 2 000 元。（记字 3 号，附件 2 张）

（4）8 日，收到罚款收入 6 000 元，存入银行。（记字 4 号，附件 2 张）

（5）15 日，销售甲材料 1 500 千克，每千克售价 60 元，增值税率 13%，款项收存银行。（记字 5 号，附件 2 张）

（6）15 日，以银行存款购买办公用品共计 1 280 元。（记字 6 号，附件 2 张）

（7）30日，结转甲材料的销售成本，甲材料单价30元。（记字7号，附件1张）

（8）30日，结转本月已销产品的生产成本，A产品每台成本500元，B产品每台成本50元。（记字8号，附件2张）

（9）30日，以银行存款支付给银行本月账户管理费共20元。（记字9号，附件1张）

（10）30日，结转损益类账户。（记字10号）

（11）30日，按利润总额的25%计提所得税，假定无其他税费。（记字11号）

（12）30日，将"所得税费用"账户发生额结转入"本年利润"账户。（记字12号）

（13）30日，将本月实现的净利润转入"利润分配"账户。（记字13号）

（14）30日，按净利润的10%提取法定盈余公积，5%提取任意盈余公积。（记字14号）

（15）30日，按净利润的30%计提向投资者分配的利润。（记字15号）

（16）30日，结转"利润分配"的各明细账。（记字16号）

实训要求：根据上述经济业务填制记账凭证。

（五）小组讨论：案例分析题

1. 小魏从某财经大学会计系毕业，刚刚被聘为广发公司的会计员，今天是他来公司上班的第一天。会计科里的那些同事们忙得不可开交，一问才知道，大家正在忙于月末结账。"我能做些什么？"会计科长看他急于投入工作的表情，也想检验一下他的工作能力，就问："试算平衡表的编制方法在学校学过了吧？""学过。"小魏很自然地回答。

"那好吧，趁大家忙别的事情的时候，你先编一下咱们公司这个月的试算平衡表！"科长帮他找到了本公司的总账账簿，让他在早已为他准备的办公桌前开始工作。

不到一个小时，一张"总分类账户发生额及余额试算平衡表"就完整地编制出来了。看到表格上那三组相互平衡的数字，小魏激动的心情难以言表，兴冲冲地向科长交了差。

"呀，昨天销售的那批产品的单据还没记到账上去呢，这也是这个月的业务啊！"会计员李丽说道。

还没等小魏缓过神来，会计员小王手里又拿着一些会计凭证凑了过来，对科长说："这笔账我核对过了，应当记入'应交税费'和'银行存款'账户的金额是10 000元，而不是9 000元。已经入账的那部分数字还得更改一下。"

"试算平衡表不是已经平衡了吗？怎么还会有错账呢？"小魏不解地问。

科长看他满脸疑惑的神情，就耐心地开导说："试算平衡表也不是万能的，像在账户中把有些业务漏记或重记了，借贷金额记账方向彼此颠倒了，还有记账方向正确但记错了账户，这些都不会影响试算表的平衡。小李发现了漏记了经济业务、小王发现的把两个账户的金额同时记少了，也不会影响试算表的平衡。"

小魏边听边点头，心里想：这些内容好像老师在上"基础会计"课的时候也讲过。以后在实践中还得好好琢磨呀。

经过调整，一张真实反映公司本月全部经济业务的试算平衡又在小魏的手里完成了。

要求：结合以上案例，运用学习过的试算平衡表的有关知识谈谈你的感受。

2. 张士达原在某事业单位任职，月薪1 500元。2019年年初辞去公职，投资100 000元（该100 000元为张士达个人从银行借入的款项，年利率4%）开办了一家公司，从事餐饮服务业务。该公司开业一年来，有关收支项目的发生情况如下：

（1）餐饮收入420 000元。

（2）出租场地的租金收入 50 000 元。
（3）兼营小食品零售业务收入 32 000 元。
（4）各种饮食品的成本 260 000 元。
（5）支付各种税金 21 000 元。
（6）支付雇员工资 145 000 元。
（7）购置设备支出 160 000 元，其中本年应负担该批设备的磨损成本 40 000 元。
（8）张士达的个人支出 20 000 元。

要求：确定该公司的经营成果，并运用你掌握的会计知识评价张士达的辞职是否合适。

3. 会计小王刚刚参加了工作，利润的计算方法虽然在学校里学过，但也忘得差不多了。为了巩固学习过的知识，他根据所工作企业的本月有关收入和费用资料，对有关利润指标进行了计算。他查阅本企业的账簿，得到了如下资料：

主营业务收入	2 400 000 元	其他业务收入	60 000 元
投资收益	60 000 元	营业外支出	40 000 元
主营业务成本	1 250 000 元	其他业务成本	50 000 元
销售费用	60 000 元	管理费用	120 000 元
财务费用	9 000 元		

本公司适用的所得税税率为 25%。

根据以上资料，小刘进行了如下计算：
（1）营业利润 = 2 400 000 + 60 000 − 1 250 000 − 50 000 = 1 160 000（元）
（2）利润总额 = 1 160 000 + 60 000 − 60 000 − 120 000 − 9 000 − 40 000 = 991 000（元）
（3）所得税 = 991 000 × 25% = 247 750（元）
（4）净利润 = 991 000 − 247 750 = 743 250（元）

案例要求：
1. 小刘的计算过程存在哪些问题？你能帮助他找出来吗？
2. 如果让你来计算该公司的净利润，你会怎么做？
3. 试说明前几个步骤的计算错误为什么不影响利润总额和净利润的计算。

四、测一测：初级会计资格考试练习题

（一）单项选择题

1. 下列关于期间费用和营业成本的表述中，正确的是（　　）。
A. 期间费用源于非日常活动，营业成本源于日常活动
B. 期间费用也会影响利润，营业成本会影响利润
C. 期间费用不一定会导致经济利益的流出，营业成本会导致经济利益的流出
D. 期间费用不一定会导致所有者权益的减少，营业成本会导致所有者权益的减少

2. 以下经济业务中会引起资产与负债同时减少的是（　　）。
A. 收到投资者投入的设备一台，价值 6 万元
B. 购入材料一批，价值 2 万元，货款未付
C. 以银行存款归还以前欠货款 4 万元
D. 生产甲产品领用材料费 3 600 元

3. 西华企业 2019 年 6 月份资产增加 400 万元，负债减少 250 万元，则该企业的所有者权益为（　　）万元，假设不考虑其他因素。
　　A. 增加 150　　　　B. 增加 650　　　　C. 增加 400　　　　D. 增加 250
4. 下列经济业务中，只能引起同一会计要素内部一增一减的是（　　）。
　　A. 取得借款 1 000 元存入银行　　　　B. 用银行存款 800 元归还前欠货款
　　C. 用银行存款 700 元购买材料　　　　D. 赊购原材料 6 300 元
5. 以下是企业的流动资产的是（　　）。
　　A. 存货　　　　B. 厂房　　　　C. 机器设备　　　　D. 专利权
6. 从数量上看，企业有一定数额的资产，就必然会有一定数额的（　　）。
　　A. 所有者权益　　　　B. 支出　　　　C. 负债　　　　D. 权益
7. 南华公司 6 月月初权益总额为 800 万元，6 月发生如下业务：①向银行借入资金 150 万元，存入银行；②购买材料共 65 万元，以银行存款支付；③购买材料共 85 万元，货款未付。期末，该企业资产总额为（　　）万元。
　　A. 1 100　　　　B. 1 035　　　　C. 1 015　　　　D. 950
8. 某银行将短期借款转为对本公司的投资，这项经济业务将引起本公司（　　）。
　　A. 资产减少、所有者权益增加　　　　B. 负债减少、资产增加
　　C. 负债减少、所有者权益增加　　　　D. 负债增加、所有者权益减少
9. 流动资产指可以在（　　）变现的资产。
　　A. 一定会计期间内　　　　B. 一个营业周期内
　　C. 1 年内　　　　D. 1 年内或超过 1 年的一个营业周期内
10. 资产、负债和所有者权益会计要素是（　　）。
　　A. 反映财务状况的会计要素　　　　B. 资金运动的动态表现
　　C. 资金的形成来源　　　　D. 资金的存在形态
11. 下列各项中，不属于资产类账户的是（　　）。
　　A. 应收票据　　　　B. 预收账款　　　　C. 应收账款　　　　D. 固定资产
12. 某企业资产总额 650 万元，负债为 170 万元，在以银行存款 180 万元发放工资，并以银行存款 140 万元购进原材料后，资产总额为（　　）万元。
　　A. 330　　　　B. 220　　　　C. 370　　　　D. 470
13. 下列各项中，"销售费用"账户所属类别为（　　）。
　　A. 共同类　　　　B. 所有者权益类　　　　C. 损益类　　　　D. 负债类
14. 账户的左方和右方，哪一方登记增加，哪一方登记减少，取决于（　　）。
　　A. 所记录的经济业务以及账户的性质　　　　B. 所记录金额的大小
　　C. 所记录经济业务的重要程度　　　　D. 开设账户时间的长短
15. 企业收到所有者投入的资本金，应记入（　　）科目。
　　A. 实收资本　　　　B. 长期股权投资　　　　C. 资本公积　　　　D. 利润分配
16. 多勒公司"库存现金"科目的期初余额为 8 650 元，当月购买办公用品支付库存现金 960 元，企业业务人员出差共借出库存现金 7 200 元，到银行提取库存现金共计 10 800 元，则该企业"库存现金"科目的期末余额应为（　　）元。
　　A. 11 290　　　　B. 10 888　　　　C. 13 250　　　　D. 11 240

17. 根据资产与权益的恒等关系以及借贷记账法的记账规则，检查所有科目记录是否正确的过程称为（　　）。

    A. 对账　　　　　　B. 查账　　　　　　C. 试算平衡　　　　D. 复式记账

18. 龙华公司"应付账款"账户期末贷方余额为 100 000 元，本期共增加 60 000 元，减少 80 000 元，则该账户的期初余额为（　　）元。

    A. 借方 40 000　　　　　　　　　　　　B. 贷方 40 000

    C. 借方 120 000　　　　　　　　　　　D. 贷方 120 000

19. 某企业"库存商品"账户的期初借方余额为 5 000 元，本期贷方发生额为 12 000 元。期末借方余额为 8 400 元，则本期借方发生额为（　　）。

    A. 8 800 元　　　　B. 15 400 元　　　　C. 1 400 元　　　　D. 14 500 元

20. "预收账款"账户的期初余额为借方 5 000 元，本期借方发生额 3 000 元，贷方发生额 9 000 元，则本期期末余额为（　　）元。

    A. 借方 11 000　　　B. 贷方 11 000　　　C. 贷方 1 000　　　D. 借方 1 000

21. "本年利润"账户的借方余额表示（　　）。

    A. 收入总额　　　　　　　　　　　　　B. 本年累计发生的亏损总额

    C. 费用总额　　　　　　　　　　　　　D. 本年累计取得的利润总额

22. 某企业 2019 年 10 月 1 日，"本年利润"账户的期初贷方余额为 20 万元，表明（　　）。

    A. 该企业 2019 年 12 月份的净利润为 20 万元

    B. 该企业 2019 年 9 月份的净利润为 20 万元

    C. 该企业 2019 年 1—9 月份的净利润为 20 万元

    D. 该企业 2019 年全年的净利润为 20 万元

23. 某企业以银行存款支付合同违约金 4 500 元，应借记（　　）科目。

    A. 其他业务成本　　B. 销售费用　　　　C. 管理费用　　　　D. 营业外支出

24. 2019 年 8 月 5 日，仓库发出 A 材料 1 000 千克，单价 5 元/千克，共计 5 000 元，用于生产×产品，该项经济业务编制的会计分录为（　　）。

    A. 借：销售费用　　　　　　　　　5 000
        贷：原材料　　　　　　　　　　　　5 000

    B. 借：管理费用　　　　　　　　　5 000
        贷：原材料　　　　　　　　　　　　5 000

    C. 借：制造费用　　　　　　　　　5 000
        贷：原材料　　　　　　　　　　　　5 000

    D. 借：生产成本　　　　　　　　　5 000
        贷：原材料　　　　　　　　　　　　5 000

25. 关于会计凭证的保管，下列说法中不正确的是（　　）。

    A. 原始凭证不得外借，其他单位如有特殊原因确实需要使用时，经本单位会计机构负责人、会计主管人员批准，可以复印

    B. 会计主管人员和保管人员应在封面上签章

    C. 会计凭证应定期装订成册，防止散失

    D. 经单位领导批准，会计凭证在保管期满前可以销毁

(二) 多项选择题

1. 以下选项中，能反映企业财务状况的会计要素有（ ）。
   A. 资产　　　　　　B. 收入　　　　　　C. 所有者权益　　　D. 利润
2. 属于所有者权益的是（ ）。
   A. 盈余公积　　　　B. 未分配利润　　　C. 资本公积　　　　D. 所得税费用
3. 以下选项中，能影响利润的因素有（ ）。
   A. 资产　　　　　　B. 负债　　　　　　C. 收入　　　　　　D. 费用
4. 下列关于会计等式"收入－费用＝利润"的表述中，正确的有（ ）。
   A. 它是对会计基本等式的补充和发展，称为第二会计等式
   B. 它实际上反映的是企业资金运动的绝对运动形式，故也称为静态会计等式
   C. 它说明了企业利润的实现过程
   D. 它表明了企业在一定会计期间经营成果与相应的收入和费用之间的关系
5. 以下选项中，属于损益类科目的有（ ）。
   A. 主营业务收入　　　　　　　　　　B. 投资收益
   C. 其他业务成本　　　　　　　　　　D. 所得税费用
6. 账户中的各项金额包括（ ）。
   A. 本期增加额　　　　　　　　　　　B. 本期减少额
   C. 期初余额　　　　　　　　　　　　D. 期末余额
7. 关于借贷记账法下的账户结构，下列说法中正确的有（ ）。
   A. 权益类账户的期初和期末余额一般在贷方
   B. 资产类账户的借方表示增加，贷方表示减少
   C. 权益类账户的贷方表示增加，借方表示减少
   D. 资产类账户的期初和期末余额一般在借方
8. 在以下情况下，不会影响试算平衡表平衡的是（ ）。
   A. 某一账户的金额记错　　　　　　　B. 整笔经济业务漏记
   C. 整笔经济业务重记　　　　　　　　D. 少记某账户发生额
9. 以下选项中，年度终了需要转入"利润分配——未分配利润"科目的有（ ）。
   A. "利润分配——提取法定盈余公积"　　B. "本年利润"
   C. "利润分配——应付现金股利"　　　　D. "利润分配——盈余公积补亏"
10. 下列各项中，"收入"会计要素特征描述正确的有（ ）。
    A. 收入是企业在日常活动中形成的
    B. 收入是与所有者投入资本无关的经济利益的总流入
    C. 收入会导致所有者权益的增加
    D. 经济利益的流入能够可靠计量
11. A公司收到王明投入专利权50万元，下列正确的是（ ）。
    A. 借记"无形资产"50万元　　　　　　B. 贷记"实收资本"50万元
    C. 贷记"固定资产"50万元　　　　　　D. 借记"资本公积"50万元
12. "库存商品"科目用于核算各种商品的收发和使用情况，该科目（ ）。
    A. 期末余额在借方，反映企业各种库存商品的实际成本或计划成本

B. 借方登记验收入库的库存商品成本
C. 贷方登记发出的库存商品成本
D. 期末余额在贷方，反映企业多发出库存商品实际成本或计划成本

13. 下列有关"主营业务收入"账户的说法正确的有（　　）。
A. 其借方登记期末结转到本年利润的数额
B. 账户期末结转后无余额
C. 其贷方登记销售商品带来的经济利益的流入数额
D. 期末结转后余额在贷方

14. 下列各项中，属于记账凭证基本要素的有（　　）。
A. 记账凭证的名称　　　　　　　B. 记账凭证的编号
C. 单式记账凭证　　　　　　　　D. 复式记账凭证

15. 以下选项中，属于收款凭证记录内容的有（　　）。
A. 库存现金收入业务　　　　　　B. 收益增加业务
C. 银行存款收入业务　　　　　　D. 材料收入业务

（三）判断题

1. 资产必须是企业控制的且能够给企业带来经济利益流入的经济资源。（　　）
2. 负债是企业过去交易或事项形成的，预期会导致企业经济利益流出企业的未来义务。（　　）
3. 按照我国企业会计准则，负债不仅包括现时已经存在的债务责任，还包括将来可能形成的债务责任。（　　）
4. 费用和成本是同一个概念。（　　）
5. 所有者权益的确认与计量主要依赖于其他会计要素，尤其是资产和负债的确认与计量。（　　）
6. 权益是所有者权益的简称。（　　）
7. 利润是指企业某一时点的经营成果。（　　）
8. 会计恒等式是指"有借必有贷，借贷必相等"。（　　）
9. "资产＝负债＋所有者权益"这个会计恒等式是资金运动的动态表现。（　　）
10. 无论发生任何经济业务，都不会破坏"资产＝负债＋所有者权益"这一会计恒等式的平衡关系，也不会引起等式两边金额的变化。（　　）
11. 企业接受投资者投入实物，会引起该企业的资产和所有者权益同时增加。（　　）
12. 企业向银行取得一笔短期借款并存入银行，会引起该企业的资产和负债同时增加。（　　）
13. 企业行政管理部门领用材料3 000元，这3 000元的材料费应确认为企业的管理费用。（　　）
14. 总分类科目又称为总账科目或一级科目，明细分类科目又称为明细科目或二级科目。（　　）
15. 应付账款和预付账款都属于负债类科目。（　　）
16. 损益类账户的记录方向完全一致。（　　）
17. 试算平衡时表明账户记录或计算一定无误。（　　）

18. 大千公司银行存款期初借方余额为 10 万元，本期借方发生额为 5 万元，本期贷方发生额为 3 万元，则期末借方余额为 12 万元。（　　）

19. 如果负债类科目的期初余额为 5 万元，本期增加发生额为 8 万元，本期减少发生额为 4 万元，则期末余额为 9 万元。（　　）

20. 借贷记账法中的"借"表示债权、"贷"表示债务。（　　）

21. 记账时，如果将借贷方向记错，借贷双方的平衡关系是不会影响的。（　　）

22. 通过试算平衡法，可以检查出记账时出现的重记、漏记整笔业务或者对应账户的同方向串户等失误。（　　）

23. 企业计提短期借款利息时，应记入"财务费用"账户的借方，"应付利息"账户的贷方。（　　）

24. 某单位因违反合同的规定支付给甲企业 50 万元违约金，则甲企业应将其作为营业收入确认。（　　）

25. 原始凭证原则上不得外借，其他单位若有特殊原因确实需要使用时，可经本单位会计机构负责人、会计主管人员批准，可以外借。（　　）

项目四

汇总经济业务，掌握登记账簿的方法

一、实训目标：实训目的与要求

通过实训，使学生进一步理解会计账簿的作用、分类及登记账簿的规则，掌握日记账、总分类账、明细分类账的登记方法以及平行登记的方法；掌握错账的更正方法；掌握月末结账的程序。

二、实训准备：实训器材与用具

记账凭证、三栏式明细账账页、多栏式明细账账页、数量金额式明细账账页、总账账页、日记账账页、黑色水笔、红色水笔、直尺。

三、练一练：实训练习题

（一）单项选择题

1. 登记账簿的依据是（　　）。
   A. 经济合同　　　　B. 会计分录　　　　C. 记账凭证　　　　D. 有关文件
2. 活页账一般适用于（　　）。
   A. 总分类账　　　　　　　　　　　　B. 库存现金日记账和银行存款日记账
   C. 固定资产明细账　　　　　　　　　D. 明细分类账
3. 订本账主要不适用于（　　）。
   A. 特种日记账　　B. 普通日记账　　C. 总分类账　　　　D. 明细分类账
4. 库存现金日记账（　　）结出发生额和余额，并与结存现金核对。
   A. 每月　　　　　B. 每15天　　　　C. 每隔3～5天　　D. 每日
5. 专门记载某一类经济业务的序时账簿称为（　　）。
   A. 明细账　　　　B. 日记账　　　　C. 总账　　　　　　D. 分录簿
6. 银行存款日记账由（　　）根据审核无误的银行存款收付款凭证和有关的现金付款凭证逐日逐笔顺序登记。
   A. 会计主管人员　B. 稽核人员　　　C. 出纳人员　　　　D. 记账人员

7. 从银行提取库存现金，登记库存现金日记账的依据是（　　）。
   A. 库存现金收款凭证　　　　　　　　B. 银行存款付款凭证
   C. 银行存款收款凭证　　　　　　　　D. 备查账
8. 多栏式明细账一般适用于（　　）。
   A. 收入费用类账户　　　　　　　　　B. 所有者权益类账户
   C. 资产类账户　　　　　　　　　　　D. 负债类账户
9. 制造费用明细账一般采用（　　）明细账。
   A. 三栏式　　　　B. 多栏式　　　　C. 数量金额式　　　　D. 任意格式
10. 原材料等财产物资明细账一般适用（　　）明细账。
    A. 数量金额式　　B. 多栏式　　　　C. 三栏式　　　　　　D. 任意格式
11. 应收账款明细账的账页格式一般采用（　　）。
    A. 三栏式　　　　　　　　　　　　　B. 数量金额式
    C. 多栏式　　　　　　　　　　　　　D. 任意一种明细账格式
12. 固定资产明细账的外表形式可以采用（　　）。
    A. 订本式账簿　　　　　　　　　　　B. 卡片式账簿
    C. 活页式账簿　　　　　　　　　　　D. 多栏式明细分类账
13. "实收资本"明细账的账页格式可以采用（　　）。
    A. 三栏式　　　　B. 活页式　　　　C. 数量金额式　　　　D. 卡片式
14. 一般情况下，不需要根据记账凭证登记的账簿是（　　）。
    A. 总分类账　　　B. 明细分类账　　C. 日记账　　　　　　D. 备查账
15. 现金和银行存款日记账，根据有关凭证（　　）。
    A. 逐日逐笔登记　　　　　　　　　　B. 逐日汇总登记
    C. 定期汇总登记　　　　　　　　　　D. 一次汇总登记
16. 下列账户中的明细账采用三栏式账页的是（　　）。
    A. 管理费用　　　B. 销售费用　　　C. 库存商品　　　　　D. 应收账款
17. 下列做法错误的是（　　）。
    A. 库存现金日记账采用三栏式账簿　　B. 库存商品明细账采用数量金额式账簿
    C. 生产成本明细账采用三栏式账簿　　D. 制造费用明细账采用多栏式账簿
18. 总账和明细账之间进行平行登记的原因是总账与明细账（　　）。
    A. 格式相同　　　　　　　　　　　　B. 登记时间相同
    C. 反映经济业务的内容相同　　　　　D. 提供指标详细程度相同
19. 对债权债务往来款项的清查方法是（　　）。
    A. 实地盘点法　　B. 技术推算法　　C. 发函询证　　　　　D. 抽样盘点法
20. 财产清查的对象一般不包括（　　）。
    A. 货币资金　　　B. 财产物资　　　C. 无形资产　　　　　D. 债权债务
21. 财产清查发现存货的盘盈，查明原因是计量差错，经领导批准应贷记的会计科目是（　　）。
    A. 待处理财产损溢　　　　　　　　　B. 管理费用
    C. 其他业务收入　　　　　　　　　　D. 营业外收入

22. 在盘点库存原材料时，发现账面数大于实存数，查明为计量差错所致。经批准后，会计人员应列作（　　）处理。
   A. 增加营业外收入　　　　　　　　B. 增加管理费用
   C. 减少管理费用　　　　　　　　　D. 增加营业外支出

23. 清查中财产盘亏是保管人员失职所致，应记入（　　）。
   A. 管理费用　　B. 其他应收款　　C. 营业外支出　　D. 生产成本

24. 在财产清查中发现库存材料实存数小于账面数，为自然损耗所致，经批准后，会计人员应列作（　　）处理。
   A. 增加营业外收入　　　　　　　　B. 增加管理费用
   C. 减少管理费用　　　　　　　　　D. 增加营业外支出

25. 某单位在对现金进行盘点时，发现现金盘亏100元，经领导批示决定由出纳来承担损失，应该计入（　　）。
   A. 管理费用　　　　　　　　　　　B. 其他应收款
   C. 其他应付款　　　　　　　　　　D. 营业外支出

26. 若记账凭证上的会计科目和应借应贷方向未错，但所记金额大于应记金额，并据以登记入账，应采用的更正方法是（　　）。
   A. 划线更正法　　　　　　　　　　B. 红字更正法
   C. 补充登记法　　　　　　　　　　D. 编制相反分录冲减

27. 会计人员对账时发现有一张记账凭证登记入账时误将530元写成5 300元，而记账凭证无误，应采用的更正方法是（　　）。
   A. 补充登记法　　B. 划线更正法　　C. 红字更正法　　D. 蓝字更正法

28. 记账以后，如果发现记账凭证上应借、应贷的会计科目并无错误，只是金额有错误，且所错记的金额小于应记的正确金额，应采用的更正方法是（　　）。
   A. 划线更正法　　B. 红字更正法　　C. 补充登记法　　D. 横线登记法

29. 新年度开始启用新账时，可以继续使用不必更换新账的是（　　）。
   A. 总分类账　　　　　　　　　　　B. 银行存款日记账
   C. 固定资产卡片　　　　　　　　　D. 管理费用明细账

30. 以下不符合账簿平时管理的具体要求的是（　　）。
   A. 各种账簿应分工明确，指定专人管理
   B. 会计账簿只允许在财务室内随意翻阅查看
   C. 会计账簿除需要与外单位核对外，一般不能携带外出
   D. 账簿不能随意交与其他人员管理

（二）多项选择题

1. 下列属于序时账的有（　　）。
   A. 管理费用明细账　　　　　　　　B. 银行存款日记账
   C. 明细分类账　　　　　　　　　　D. 库存现金日记账

2. 下列明细账中可以采用三栏式账页的有（　　）。
   A. 应收账款明细账　　　　　　　　B. 原材料明细账
   C. 生产成本明细账　　　　　　　　D. 库存现金日记账

3. 关于账簿的使用，下列说法正确的是（　　）。
   A. 订本账预留太多则导致浪费，预留太少则影响连续登记
   B. 活页账登账方便，可以根据业务多少添加，因此收付款业务多的单位的库存现金日记账和银行存款日记账可以采用此种格式
   C. 日记账一般采用订本式账簿
   D. 总分类账一般使用订本账
4. 账簿按其外表形式分，可以分为（　　）。
   A. 三栏式　　　　B. 订本式　　　　C. 卡片式　　　　D. 活页式
5. 下列适用多栏式明细账的是（　　）。
   A. 生产成本　　　B. 制造费用　　　C. 材料采购　　　D. 应付账款
6. 会计账簿按其用途的不同，可以分为（　　）。
   A. 序时账簿　　　　　　　　　　　B. 分类账簿
   C. 备查账簿　　　　　　　　　　　D. 数量金额式账簿
7. 必须采用订本式账簿的是（　　）。
   A. 库存现金日记账　　　　　　　　B. 固定资产明细账
   C. 银行存款日记账　　　　　　　　D. 管理费用总账
8. 会计账簿按账页格式的不同，可以分为（　　）。
   A. 两栏式账簿　　　　　　　　　　B. 多栏式账簿
   C. 三栏式账簿　　　　　　　　　　D. 数量金额式账簿
9. 总分类账一般采用（　　）。
   A. 订本式　　　　B. 活页式　　　　C. 三栏式　　　　D. 多栏式
10. 在会计账簿扉页上填列的内容包括（　　）。
    A. 账簿名称　　　B. 接管日期　　　C. 启用日期　　　D. 记账人员
11. 登记明细分类账的依据可以是（　　）。
    A. 原始凭证　　　B. 汇总原始凭证　C. 记账凭证　　　D. 经济合同
12. 登记库存现金日记账收入栏的依据有（　　）。
    A. 累计凭证　　　　　　　　　　　B. 现金收款凭证
    C. 转账凭证　　　　　　　　　　　D. 银行存款付款凭证
13. 库存现金日记账和银行存款日记账的登记要求主要包括（　　）。
    A. 由出纳人员负责登记　　　　　　B. 以审核无误的收付款凭证为依据
    C. 必须逐日结出收入合计和支出合计　D. 必须逐日逐笔登记
14. 登记银行存款日记账收入栏的依据有（　　）。
    A. 银行存款收款凭证　　　　　　　B. 现金付款凭证
    C. 转账凭证　　　　　　　　　　　D. 累计凭证
15. 下列应设置备查账簿登记的事项有（　　）。
    A. 固定资产卡片　　　　　　　　　B. 本单位已采购的材料
    C. 临时租入的固定资产　　　　　　D. 本单位受托加工材料
16. 会计账簿登记规则包括（　　）。
    A. 记账必须有依据　　　　　　　　B. 按页次顺序连续记

C. 账簿记载的内容应与记账凭证一致　　D. 结清余额

17. 以下属于备查账簿的有（　　）。
    A. 租入固定资产登记簿　　　　　　　B. 代销商品登记簿
    C. 受托加工材料登记簿　　　　　　　D. 材料采购明细账

18. 科目汇总表账务处理程序的优点有（　　）。
    A. 总账详细反映经济业务的发生情况　B. 可以做到试算平衡
    C. 便于了解账户之间的对应关系　　　D. 减轻登记总账的工作量

19. 下列错误中，不可以通过试算平衡发现的有（　　）。
    A. 借方发生额大于贷方发生额　　　　B. 应借应贷科目颠倒
    C. 借方余额小于贷方余额　　　　　　D. 漏记一项经济业务

20. 会计账簿中，下列（　　）可以用红色墨水记账。
    A. 按照红字冲账的记账凭证，冲销错误记录
    B. 在不设借贷等栏的多栏式账页中，登记减少数
    C. 在三栏式账户的余额栏前，如未印明余额方向（如借或贷），在余额栏内登记负数余额
    D. 会计制度中规定可以用红字登记的其他会计记录

21. 下列对账工作中，属于账账核对的有（　　）。
    A. 银行存款日记账与银行对账单的核对
    B. 总账账户与所属明细账户的核对
    C. 应收款项明细账与债务人账项的核对
    D. 会计部门的财产物资明细账与财产物资保管、使用部门明细账的核对

22. 下列各项中，属于财产清查内容的有（　　）。
    A. 应收、应付款项　　B. 财产物资　　C. 货币资金　　D. 对外投资

23. 下列关于财产全面清查特点的表述中，正确的有（　　）。
    A. 清查的范围广　　　　　　　　　　B. 清查的内容多
    C. 清查的时间长　　　　　　　　　　D. 清查的花费大

24. 下列关于银行存款清查的表述中，正确的有（　　）。
    A. 通过与开户银行转来的对账单进行核对，查明银行存款的实有数额
    B. 在核对之前，出纳人员应详细检查银行存款日记账的登记有无差错，经济业务是否记录完整，余额计算是否正确
    C. 银行存款日记账与银行对账单即使都计算记录正确，也可能出现二者余额不一致的情况
    D. 对于发生的未达账项，只有等有关凭证到达后，才能进行有关账务处理

25. 对账的内容包括（　　）。
    A. 账证核对　　　　B. 账表核对　　　　C. 账实核对　　　　D. 账账核对

26. 现金 3 200 元存入银行，记账凭证中误将金额填为 32 000 元，并已登账，错账的更正方法错误的是（　　）。
    A. 用划线更正法更正
    B. 用蓝字借记"银行存款"账户 3 200 元，贷记"库存现金"账户 3 200 元

C. 用红字借记"库存现金"账户 32 000 元，贷记"银行存款"账户 32 000 元

D. 用红字借记"银行存款"账户 28 800 元，贷记"库存现金"账户 28 800 元

27. 会计上允许的错账更正的方法有（　　）。
　　A. 划线更正法　　　B. 红字更正法　　　C. 补充登记法　　　D. 涂改液修正法
28. 可用于更正因记账凭证错误而导致账簿登记错误的错账更正方法有（　　）。
　　A. 划线更正法　　　B. 红字更正法　　　C. 补充登记法　　　D. 顺查法
29. 下列关于会计账簿的更换和保管正确的是（　　）。
　　A. 总账、日记账和多数明细账每年更换一次
　　B. 变动较小的明细账可以连续使用，不必每年更换
　　C. 备查账不可以连续使用
　　D. 总账、日记账不用每年更换
30. 年度结束后，对于账簿的保管应该做到（　　）。
　　A. 装订成册　　　B. 加上封面　　　C. 统一编号　　　D. 归档保管

（三）判断题

1. 库存现金日记账和银行存款日记账的外表形式必须采用订本式账簿。（　　）
2. 账簿按其用途不同，可分为订本式账簿、活页式账簿和卡片式账簿。（　　）
3. 会计账簿是连接会计凭证与会计报表的中间环节，在会计核算中具有承前启后的作用，是编制会计报表的基础。（　　）
4. 任何单位都必须设置总分类账。（　　）
5. 所有总分类账的外表形式都必须采用订本式。（　　）
6. 启用订本式账簿，除在账簿扉页填列"账簿启用和经管人员一览表"外，还要从第一页到最后一页顺序编写页数，不得跳页、缺号。（　　）
7. 多栏式明细账一般适用于资产类账户。（　　）
8. 采用普通日记账时，可根据经济业务直接登记，然后再将普通日记账过入分类账。因此，设置普通日记账时一般可不再填制记账凭证。（　　）
9. 为了保证库存现金日记账的安全和完整，库存现金日记账无论采用三栏式还是多栏式，外表形式都必须使用订本账。（　　）
10. 我国每个会计主体都采用普通日记账登记每日库存现金和银行存款的收付。（　　）
11. 二栏式账簿是指具有日期、摘要、金额三个栏目格式的账簿。（　　）
12. 明细账应该使用活页账簿，以便于根据实际需要，随时添加空白账页。（　　）
13. 各账户在一张账页记满时，应在该账页最后一行结出余额，并在"摘要"栏注明"转次页"字样。（　　）
14. 登记账簿时，发生的空行、空页一定要补充书写，不得注销。（　　）
15. 出纳应在库存现金日记账每笔业务登记完毕，即结出余额，并与库存现金进行核对。（　　）
16. 账簿中书写的文字和数字上面要留有适当空距，一般应占格距的二分之一，以便于发现错误时进行修改。（　　）
17. 无论分类账簿还是序时账簿，都需要以记账凭证作为记账依据。（　　）
18. 对应付账款应采用发函询证法进行清查。（　　）

19. 在 X 企业因财务状况的恶化，濒临破产之际，Y 企业因 X 企业拥有良好的客户资源，决定对其注资，Y 企业在注资前要求对 X 企业进行全面清查。（　　）
20. 财产定期清查和不定期清查对象的范围均既可以是全面清查，也可以是局部清查。（　　）
21. 当原材料、产成品、现金发生盘盈时，经报批后冲减"管理费用"或增加"营业外收入"。（　　）
22. 财产局部清查可以是定期清查，也可以是不定期清查。（　　）
23. 记账以后，发现记账凭证中应借应贷科目错误，应采用红字更正法更正。（　　）
24. 记账以后，发现记账凭证和账簿记录中应借应贷的会计科目无误，只是金额有错误，且所错记的金额小于应记的正确金额，可采用红字更正法更正。（　　）
25. 由于记账凭证错误而造成的账簿记录错误，可采用划线更正法进行更正。（　　）
26. 采用划线更正法时，只要将账页中个别错误数码划上红线，再填上正确数码即可。（　　）
27. 记账凭证中会计账户、记账方向正确，但所记金额大于应记金额而导致账簿登记金额增加的情况，可采用补充登记法进行更正。（　　）
28. 补充登记法就是把原来未登记完的业务登记完毕的方法。（　　）
29. 已归档的会计账簿原则上不得借出，有特殊需要的，经批准后可以提供复印件。（　　）
30. 为保持账簿记录的持久性，防止涂改，记账时必须使用蓝黑墨水或碳素墨水，并用钢笔书写，不得使用铅笔或圆珠笔书写。（　　）

（四）业务题

1. 实训目的：练习三栏式库存现金日记账和银行存款日记账的登记方法。
实训器材与用具：记账凭证、库存现金日记账账页和银行存款日记账账页。
实训资料：南昌八一工厂 2019 年 7 月 31 日银行存款日记账余额为 30 000 元，库存现金日记账余额为 3 000 元。8 月发生下列银行存款和现金收付业务：
（1）1 日，丽达公司投入资金 25 000 元，银行存款增加。（记字 10 号，附件 2 张）
（2）2 日，以银行存款 10 000 元归还短期借款。（记字 11 号，附件 2 张）
（3）5 日，以银行存款 20 000 元偿付应付账款。（记字 12 号，附件 2 张）
（4）8 日，以现金 1 000 元存入银行。（记字 13 号，附件 2 张）
（5）8 日，用现金暂付职工差旅费 800 元。（记字 14 号，附件 2 张）
（6）10 日，从银行提取现金 2 000 元备用。（记字 16 号，附件 2 张）
（7）13 日，收到应收账款 50 000 元，存入银行。（记字 17 号，附件 2 张）
（8）15 日，以银行存款 40 000 元支付购买材料款（不考虑增值税），材料尚未运到。（记字 18 号，附件 2 张）
（9）17 日，以银行存款 1 000 元支付上述材料运费，材料验收入库。（记字 19 号，附件 2 张）
（10）20 日，从银行提取现金 18 000 元，准备发放工资。（记字 21 号，附件 2 张）
（11）24 日，用现金 18 000 元发放职工工资。（记字 22 号，附件 2 张）
（12）25 日，以银行存款支付本月车间电费 1 800 元。（记字 23 号，附件 3 张）

（13）27 日，销售产品一批（不考虑增值税），收到货款 51 750 元，存入银行。（记字 24 号，附件 2 张）

（14）29 日，用银行存款支付销售费用 410 元。（记字 26 号，附件 3 张）

（15）30 日，用银行存款上交增值税 3 500 元。（记字 27 号，附件 2 张）

实训要求：（1）根据上述业务编制记账凭证。

（2）登记库存现金日记账和银行存款日记账，登记并结出发生额和余额。

2. 实训目的：练习三栏式明细账的登记。

实训器材与用具：记账凭证、三栏式明细账账页。

实训资料：某公司 2019 年 11 月初应收账款总分类账余额是借方 18 000 元，其中亨氏企业借方 10 000 元，邦正企业借方 8 000 元，11 月与应收账款相关经济业务如下：

（1）5 日，收到亨氏企业归还货款 10 000 元，款项已存入银行。（记字 11 号，附件 2 张）

（2）10 日，销售给邦正企业产品一批，价款 30 000 元，税额 3 900 元，款项未收。（记字 15 号，附件 2 张）

（3）15 日，销售给亨氏企业产品一批，价款 20 000 元，税额 2 600 元，款项未收。（记字 17 号，附件 2 张）

（4）18 日，收到邦正企业归还货款 8 000 元，款项已存入银行。（记字 20 号，附件 2 张）。

（5）22 日，收到亨氏企业归还货款 22 600 元，款项已存入银行。（记字 25 号，附件 2 张）。

（6）30 日，销售给亨氏企业产品一批，价款 10 000 元，税额 1 300 元，款项未收。（记字 30 号，附件 2 张）

实训要求：（1）根据上述业务编制记账凭证。

（2）登记应收账款明细账。

（3）进行月末结账。

3. 实训目的：练习多栏式明细账的登记。

实训器材与用具：记账凭证、多栏式明细账账页。

实训资料：某公司 2019 年 9 月份的与销售费用有关的经济业务如下：

（1）2 日，用银行存款支付给广告公司 20 000 元的广告费。（记字 5 号，附件 3 张）

（2）10 日，用银行存款支付销售部门订阅报纸杂志的费用 1 000 元。（记字 15 号，附件 3 张）

（3）15 日，用银行存款支付销售部门的电话费 1 200 元。（记字 20 号，附件 2 张）

（4）18 日，销售部门专用车辆产生油费 500 元，用现金支付。（记字 22 号，附件 1 张）

（5）20 日，销售部门对外招待客户，产生餐费 1 000 元，现金支付。（记字 25 号，附件 1 张）

（6）31 日，销售部门发生水电费 2 560 元，用银行存款支付。（记字 27 号，附件 3 张）

（7）31 日，计算销售部门人员工资，共 15 000 元。（记字 28 号，附件 1 张）

实训要求：（1）根据上述业务编制记账凭证。

（2）登记销售费用明细账。

4. 实训目的：练习总分类账以及数量金额式明细分类账的登记。

实训器材与用具：记账凭证、总账账页、数量金额式明细账账页。

实训资料：某企业生产 A、B 两种产品，2019 年 9 月初库存商品的期初结存情况如下：A 产品结存 8 000 件，单位成本 30 元；B 产品结存 10 000 件，单位成本 80 元。2019 年 9 月与销售产品有关的经济业务情况如下。

（1）5 日，销售 A 产品 3 000 件，产品的成本每件 30 元。（记字 10 号，附件 2 张）

（2）7 日，销售 B 产品 5 000 件，产品的成本每件 80 元。（记字 15 号，附件 2 张）

（3）15 日，生产车间完工 A 产品 2 000 件，完工 B 产品 3 000 件，单位成本分别为 30 元和 80 元。（记字 20 号，附件 2 张）

（4）26 日，销售 B 产品 1 000 件，产品的成本每件 80 元。（记字 25 号，附件 2 张）

（5）30 日，销售 A 产品 1 500 件，单位成本 30 元。（记字 28 号，附件 2 张）

实训要求：（1）请根据上述业务编制结转成本的记账凭证。

（2）登记库存商品的总账和明细账。

（3）结出月末余额。

5. 实训目的：练习应付账款总账和明细账的平行登记。

实训器材与用具：记账凭证、三栏式明细账账页、总账账页。

实训资料：某企业 2019 年 8 月初应付账款总分类账余额是贷方 20 000 元，其中欠建威企业 15 000 元、民胜企业 5 000 元，该企业八月份发生的与应付账款相关的经济业务如下。

（1）4 日，向建威企业购入甲材料 1 000 千克，单价 10 元，价款 10 000 元，增值税额 1 300 元；购入乙材料 2 000 千克，单价 9 元，价款 18 000 元，增值税额 2 340 元。货物已验收入库，款项 31 640 元尚未支付。（记字 12 号，附件 4 张）

（2）8 日，向民胜企业购入甲材料 2 000 千克，单价 10 元，价款 20 000 元，税额 2 600 元，货物已验收入库，款项尚未支付。（记字 18 号，附件 2 张）

（3）23 日，向建威企业偿还前欠货款 20 000 元，向民胜企业偿还前欠货款 10 000 元，开出转账支票。（记字 22 号，附件 4 张）

（4）26 日，向建威企业购入乙材料 1 600 千克，单价 9 元，价款 14 400 元，税额 1 872 元，款项尚未支付，货物同时验收入库。（记字 28 号，附件 2 张）

实训要求：（1）根据上述业务编制记账凭证。

（2）登记应付账款的总分类账和明细账。

6. 实训目的：练习银行存款余额调节表的编制。

实训器材与用具：银行存款余额调节表。

实训资料：某企业 2019 年 10 月"银行存款日记账"的记录情况如下。

银行存款日记账 10 月 31 日余额为 398 170 元。

（1）5 日，以银行存款 30 000 元支付购买设备款。

（2）7 日，销售产品货款 35 100 元存入银行。

（3）10 日，用银行存款 81 190 元支付购买材料款。

（4）16 日，用银行存款交纳税金 35 000 元。

（5）20 日，从银行提取现金 12 000 元。

（6）24 日，用银行存款购买办公用品 3 200 元。

(7) 27 日，开出转账支票交收款人，票面金额为 2 140 元。

(8) 29 日，将现金 5 200 元存入银行。

(9) 30 日，将付款单位交来的票面金额为 46 800 元转账支票送存银行。

(10) 31 日，技术员李锋预借差旅费，开出票面金额 4 000 元的现金支票交其本人去银行提取。

银行对账单记录情况如下。

银行对账单存款月末余额：378 910 元。

(1) 5 日，支付购买设备款 30 000 元。

(2) 7 日，存入销售产品货款 35 100 元。

(3) 10 日，支付购买材料款 81 190 元。

(4) 16 日，交纳税金 35 000 元。

(5) 20 日，提取现金 12 000 元。

(6) 24 日，购买办公用品 3 200 元。

(7) 28 日，收回企业委托收款 25 000 元。

(8) 29 日，存入现金 5 200 元。

(9) 29 日，代企业付水电费 3 600 元。

实训要求：

(1) 编制"银行存款余额调节表"。

(2) 说明对于银行已收企业未收、银行已付企业未付的未达账项，企业是否需要马上调整其日记账记录？

(3) 该企业在月末时可以动用的存款应当是多少？

银行存款余额调节表

年 月 日

项 目	金 额	项 目	金 额
企业银行存款日记账余额：		银行对账单余额：	
加：银行已收，企业未收		加：企业已收，银行未收	
减：银行已付，企业未付		减：企业已付，银行未付	
调整后企业银行存款余额		调整后银行对账单余额	

主管会计： 制表人：

7. 实训目的：练习财产清查结果的处理。

实训器材与用具：记账凭证。

实训资料：某企业 2019 年 10 月末财产清查发现下列账实不符情况：

(1) 甲材料盘盈 1 800 元。（记字 31 号，附件 1 张）

(2) 乙材料盘亏 240 元。（记字 32 号，附件 1 张）

(3) 库存商品 A 产品盘盈 240 元。（记字 33 号，附件 1 张）

(4) 库存商品 B 产品的实存额 5 800 元，账面余额为 6 000 元。（记字 34 号，附件 1 张）

上列账项经 10 月 31 日相关领导批准后处理如下：

（1）盘盈的甲材料是因为计量差错。（记字 36 号，附件 1 张）

（2）盘亏的乙材料中 60 元属自然耗损，180 元属保管员李磊责任造成，应赔偿。（记字 37 号，附件 2 张）

（3）盘盈 A 成品是因为计量差错。（记字 38 号，附件 1 张）

（4）B 产品缺少 200 元，为厂部管理部门管理员刘磊失职造成，经批准作追究管理员刘磊的责任。（记字 39 号，附件 1 张）

实训要求：根据以上资料编制记账凭证。

8. 实训目的：练习错账更正的三种处理方法。

实训器材与用具：记账凭证。

实训资料：南昌丽华公司在 2019 年 10 月份账证核对中，发现下列错误：

（1）从银行提取库存现金 16 000 元，备发工资。（10 月 5 日，记字 5 号）

记账凭证为：　　　　借：库存现金　　　　　　　　　　　　16 000
　　　　　　　　　　　　贷：银行存款　　　　　　　　　　　　　　　16 000

账簿误记录为 1 600 元。

（2）预付红光公司购货款 25000 元。（10 月 10 日，记字 11 号）

记账凭证为：　　　　借：预收账款　　　　　　　　　　　　25 000
　　　　　　　　　　　　贷：银行存款　　　　　　　　　　　　　　　25 000

（3）以银行存款支付公司行政部门用房的租金 2 300 元。（10 月 15 日，记字 15 号）

记账凭证为：　　　　借：管理费用　　　　　　　　　　　　3 200
　　　　　　　　　　　　贷：银行存款　　　　　　　　　　　　　　　3 200

（4）开出现金支票 1 张，支付公司购货运杂费 540 元。（10 月 20 日，记字 20 号）

记账凭证为：　　　　借：在途物资　　　　　　　　　　　　450
　　　　　　　　　　　　贷：银行存款　　　　　　　　　　　　　　　450

实训要求：按有关错账更正规则进行更正，如果需要编制记账凭证，从记字 25 号开始，编制时间是 2019 年 10 月 31 日。

四、测一测：初级会计资格考试练习题

（一）单项选择题

1. 库存现金日记账和银行存款日记账属于（　　）。
A. 序时账　　　B. 分类账　　　C. 备查账　　　D. 明细账

2. 下列不属于按外形特征不同分类的账簿是（　　）。
A. 数量金额式账簿　　　　　　　B. 订本式账簿
C. 活页式账簿　　　　　　　　　D. 卡片式账簿

3. 下列各项中，适用于卡片账的是（　　）。
A. 银行存款日记账　　　　　　　B. 总账
C. 管理费用明细账　　　　　　　D. 固定资产明细账

4. 下列科目的明细账格式应该采用"借方多栏式"的是（　　）。
A. 营业外收入　　B. 原材料　　C. 应交税费　　D. 管理费用

5. 下列各项中，适用于数量金额式账簿的是（　　）。
   A. 银行存款日记账　　　　　　　　B. 管理费用明细账
   C. 原材料明细账　　　　　　　　　D. 固定资产明细账
6. 账簿的格式繁多，下列不属于账簿应具备的基本内容的是（　　）。
   A. 封面　　　　　　　　　　　　　B. 账夹
   C. 经管人员一览表　　　　　　　　D. 账页
7. 关于账簿的使用，下列说法错误的是（　　）。
   A. 订本账预留太多则导致浪费，预留太少则影响连续登记
   B. 活页账登账方便，可以根据业务多少添加，因此业务多的单位的总账可以采用此格式
   C. 固定资产明细账一般采用卡片账
   D. 总分类账一般使用订本账
8. 下列登账方法中错误的是（　　）。
   A. 依据记账凭证和原始凭证逐日逐笔登记明细账
   B. 依据记账凭证和汇总原始凭证逐日逐笔或定期汇总登记明细账
   C. 依据记账凭证逐笔登记总账
   D. 依据汇总原始凭证每月汇总登记库存现金日记账
9. 下列关于总分类账和明细分类账平行登记的说法中错误的是（　　）。
   A. 两者的记账依据相同　　　　　　B. 两者的记账方向相同
   C. 两者的记账金额相同　　　　　　D. 两者的记账日期相同
10. 下列关于会计账簿记账规则的说法中，错误的是（　　）。
    A. 登记会计账簿时，应当将会计凭证日期、编号、业务内容摘要、金额和其他有关资料逐项记入账内
    B. 登账完毕，要注明已经登账的符号并在记账凭证上签字或盖章
    C. 账簿中书写的文字和数字应紧靠底线书写，一般应占格距的1/3
    D. 凡需要结出余额的账户，应当结出余额并正确填列，应当在"借或贷"等栏内写明"借"或者"贷"等字样
11. 下列各项中，属于从银行提取现金，登记库存现金日记账依据的是（　　）。
    A. 库存现金收款凭证　　　　　　　B. 库存现金付款凭证
    C. 银行付款凭证　　　　　　　　　D. 银行收款凭证
12. 按照经济业务发生或完成时间的先后顺序逐日逐笔进行登记的账簿称为（　　）。
    A. 总分类账簿　　　　　　　　　　B. 序时账簿
    C. 明细分类账簿　　　　　　　　　D. 备查账簿
13. 某企业材料总分类账户的本期借方发生额为26 000元，本期贷方发生额为24 000元，其有关明细分类账户的发生额分别为：甲材料本期借方发生额为8 000元，贷方发生额为6 000元；乙材料借方发生额为13 000元，贷方发生额为16 000元，则丙材料的本期借贷发生额分别是（　　）。
    A. 借方发生额为12 000元，贷方发生额为2 000元
    B. 借方发生额为5 000元，贷方发生额为2 000元

C. 借方发生额为 4 000 元，贷方发生额为 10 000 元

D. 借方发生额为 6 000 元，贷方发生额为 8 000 元

14. 下列各项错误，应当用补充登记法予以更正的是（　　）。

　　A. 某账簿记录中，将 2 128.50 元误记为 2 182.50 元，而对应的记账凭证无误

　　B. 某企业从银行提取现金 3 000 元，在填制记账凭证时，误将其金额写为 8 000 元，并已登记入账

　　C. 接受外单位投入资金 180 000 元，已存入银行，在填制记账凭证时，填写的会计科目无误，误将其金额写为 160 000 元，并已登记入账

　　D. 某企业支付广告费 6 000 元，在填制记账凭证时，误借记"管理费用"科目，并已登记入账

15. 在用划线更正法进行更正时，对错误数字的处理是（　　）。

　　A. 只划销写错的个别数码　　　　　　B. 错误数字全部划销

　　C. 错误数字部分划销　　　　　　　　D. 只涂抹写错的个别数码

16. 记账人员小李在结账前发现自己将一笔从银行提取现金的业务错误地记录为："借：银行存款 800，贷：库存现金 800"，并登记入账。应当采取（　　）加以更正。

　　A. 划线更正法　　B. 红字更正法　　C. 补充登记法　　D. 蓝字更正法

17. 需要结计本月发生额的账户，结计"过次页"的本页合计数应当是（　　）。

　　A. 自本月初起至本页末止的发生额合计数

　　B. 自本年初起至本页末止的发生额累计数

　　C. 本页末的余额

　　D. 本页的发生额合计

18. 下列关于年终结账的表述中，正确的是（　　）。

　　A. 不需要编制记账凭证，但应将上年账户的余额反向结平才能结转下年

　　B. 应编制记账凭证，并将上年账户的余额反向结平

　　C. 不需要编制记账凭证，也不需要将上年账户的余额反向结平，直接注明"结转下年"即可

　　D. 不需要编制记账凭证，也不需要将上年账户的余额反向结平

19. 对盘亏的固定资产净损失，经批准后可记入（　　）账户的借方。

　　A. 制造费用　　　B. 销售费用　　　C. 营业外支出　　　D. 管理费用

20. 某企业仓库本期末盘亏原材料原因已经查明，属于自然损耗，经批准后，会计人员应编制的会计分录为（　　）。

　　A. 借：待处理财产损溢
　　　　　贷：原材料

　　B. 借：待处理财产损溢
　　　　　贷：营业外支出

　　C. 借：管理费用
　　　　　贷：待处理财产损溢

　　D. 借：营业外支出
　　　　　贷：待处理财产损溢

21. 对债权债务往来款项的清查方法是（ ）。
   A. 实地盘点法　　　B. 技术推算法　　　C. 发函询证　　　D. 测量计算法
22. 年度终了，会计账簿暂由本单位财务会计部门保管一段时间，期满后由财会部门编造清册移交本单位的档案部门保管，这个时间段是（ ）年。
   A. 1　　　　　　　B. 5　　　　　　　C. 2　　　　　　D. 10
23. 下列关于会计账簿的更换与保管说法，错误的是（ ）。
   A. 会计账簿的更换通常在新会计年度建账时进行
   B. 一般来说，总账、日记账和多数明细账应每年更换一次
   C. 卡片账可以连续使用
   D. 所有的明细账，年末时都必须更换
24. 下列关于会计账簿保管，不正确的做法是（ ）。
   A. 启用账簿时，要填写账簿启用及交换表，并在经管人员处签名盖章
   B. 年度终了，会计账簿暂由本单位财务会计部门保管一年，期满后，由财务会计部门编造清册移交本单位的档案部门保管
   C. 每日登记账簿，注意书写整齐清洁，不得涂污，避免账页毁损，保护账簿完整
   D. 按有关规定使用账簿，经财务主管批准，账簿可外借
25. 下列账簿中，可以跨年度连续使用的是（ ）。
   A. 总账　　　　　　B. 卡片账　　　　　C. 日记账　　　　D. 多数明细账

（二）多项选择题

1. 下列各项中，可以用来登记明细分类账的有（ ）。
   A. 原始凭证　　　　　　　　　　　B. 销售合同
   C. 原始凭证汇总表　　　　　　　　D. 记账凭证
2. 账簿按其用途不同可分为（ ）。
   A. 数量金额式账簿　B. 序时账簿　　　C. 订本式账簿　　D. 备查账簿
3. 订本账的优点是（ ）。
   A. 可以灵活安排分工记账　　　　　B. 可以防止账页散失
   C. 可以防止任意抽换账页　　　　　D. 保证账簿资料的安全完整
4. 下列各项中，属于会计账簿的主要分类标准的有（ ）。
   A. 用途　　　　　　B. 账页格式　　　　C. 会计期间　　　D. 金额
5. 下列应该使用订本式账簿的有（ ）。
   A. 总分类账　　　　　　　　　　　B. 固定资产卡片账
   C. 银行存款日记账　　　　　　　　D. 库存现金日记账
6. 下列各项中，属于明细账通常格式的有（ ）。
   A. 三栏式　　　　　B. 多栏式　　　　　C. 卡片式　　　　D. 两栏式
7. 下列关于总分类账格式的说法中，正确的有（ ）。
   A. 总分类账最常用的格式为三栏式，设置借方、贷方和余额三个基本金额栏目
   B. 所有单位都要设置总分类账
   C. 总分类账必须采用活页式账簿
   D. 总分类账是根据总账科目或明细科目开设账页

8. 数量金额式明细分类账的账页格式，适用于（　　）明细账。
   A. 库存商品　　　B. 生产成本　　　C. 应付账款　　　D. 原材料
9. 下列各种账簿中，属于出纳人员可以登记和保管的有（　　）。
   A. 库存现金日记账　　　　　　　　B. 银行存款日记账
   C. 库存现金收款凭证　　　　　　　D. 银行存款总账
10. 关于银行存款日记账和库存现金日记账在格式和登记方法方面相同的地方有（　　）。
    A. 都是由出纳人员登记
    B. 都是按时间顺序登记
    C. 逐笔结出余额
    D. 对于库存现金存入银行业务，填制库存现金付款凭证或银行存款收款凭证均可
11. 登记会计账簿时，下列说法正确的有（　　）。
    A. 使用蓝黑墨水钢笔和红色墨水笔书写　　B. 月末结账划线可用红色墨水笔
    C. 在某些特定条件下可使用铅笔　　　　　D. 在规定范围内可以使用红色墨水
12. 原材料明细账簿的收入、发出和结存三大栏内，都分设（　　）三个小栏。
    A. 数量　　　B. 种类　　　C. 供应商　　　D. 金额
13. 库存现金日记账的登记证据有（　　）。
    A. 银行存款收支的原始凭证　　　　B. 现金收款凭证
    C. 现金付款凭证　　　　　　　　　D. 银行存款付款凭证
14. 下列各项中，属于账页应包括的内容的有（　　）。
    A. 账户名称　　　　　　　　　　　B. 记账凭证的种类和号数
    C. 摘要栏　　　　　　　　　　　　D. 金额栏
15. 下列说法中正确的有（　　）。
    A. 每日终了，应结出"库存现金日记账"余额
    B. 每月终了，应将"库存现金日记账"余额与库存现金核对
    C. 每日终了，应将"库存现金日记账"与"库存现金"总分类账核对
    D. 外币现金日记账应采用复式记账法
16. 下列关于会计账簿启用的说法中，正确的有（　　）。
    A. 启用会计账簿时，应在账簿封面上写明单位名称和账簿名称
    B. 启用会计账簿时，应在账簿扉页上附启用表
    C. 启用订本式账簿时，应当从第一页到最后一页顺序编定页数，可以跳页、缺号
    D. 在年度开始，启用新账簿时，应把上年度的年末余额记入新账的第一行
17. 银行存款日记账应定期结出发生额和余额，并与银行对账单核对。下列期限中不正确的有（　　）。
    A. 每月　　　B. 每十五天　　　C. 每隔三至五天　　　D. 每日
18. 下列各项中，不需要逐日结出余额的账簿有（　　）。
    A. 库存现金总账　　　　　　　　　B. 库存现金日记账
    C. 银行存款总账　　　　　　　　　D. 银行存款日记账
19. 下列有关库存现金日记账的格式和登记方法的说法中，正确的有（　　）。
    A. 库存现金日记账必须使用订本账

B. 对于从银行提取现金的业务，应根据有关银行存款付款凭证登记

C. 现金余额的计算公式为：本日余额 = 上日余额 + 本日收入 − 本日支出

D. "年""月""日""凭证号数""摘要""对方科目"均按现金收款凭证、现金付款凭证以及银行存款付款凭证逐日逐笔序时登记

20. 下列各项中，不属于对账的内容有（　　）。
A. 账证核对　　　B. 账账核对　　　C. 账单核对　　　D. 账表核对

21. 账实核对的主要内容有（　　）。
A. 各项财产物资明细账账面余额与财产物资的实有数额是否相符
B. 银行存款日记账账面余额与银行对账单的余额是否相符
C. 库存现金日记账账面余额与现金总账是否相符
D. 有关债权债务明细账账面余额与对方的账面记录是否相符

22. 下列做法中，属于对账的有（　　）。
A. 账簿记录与原始凭证之间的核对
B. 总分类账簿与资产负债表之间的核对
C. 库存现金日记账的期末余额合计与库存现金总账期末余额的核对
D. 财产物资明细账账面余额与财产物资实存数额的核对

23. 账账核对的内容包括（　　）。
A. 总账与所属明细账之间的核对
B. 现金、银行存款日记账与总账中的现金、银行存款账的核对
C. 银行存款日记账账面余额与银行对账单的余额是否相符
D. 总账账户借方发生额及余额与贷方发生额及余额的核对

24. 账证核对指的是核对会计账簿记录与原始凭证、记账凭证的（　　）是否一致，记账方向是否相符。
A. 时间　　　B. 记账方向　　　C. 内容　　　D. 金额

25. 下列各项中，属于账实核对主要内容的有（　　）。
A. 库存现金日记账的账面余额每日应与现金实际库存数核对相符
B. 银行存款日记账的账面余额与开户银行对账单相核对，每月至少核对一次
C. 材料、产成品、固定资产等财产物资明细账的账面余额，应与实有数量相核对相符
D. 原材料的明细分类账的账面余额应与原材料总账余额核对相符

26. 下列各项中，关于账证核对的说法正确的是（　　）。
A. 账证核对是对会计账簿记录与原始凭证、记账凭证的各项内容进行核对
B. 通常在编制报表过程中进行
C. 是追查会计记录正确与否的最终途径
D. 如果账账不符，可以将账簿记录与有关会计凭证进行核对

27. 下列各项中，不属于由于记账凭证正确，账簿登记错误的错账更正方法的有（　　）。
A. 划线更正法　　　B. 红字更正法
C. 补充登记法　　　D. 蓝字更正法

28. 下列各项资产中，可以采用实地盘点法进行清查的有（　　）。
A. 应收账款　　　B. 原材料　　　C. 库存商品　　　D. 固定资产

29. 以下关于财产清查的意义的表述正确的有（　　）。

　　A. 通过财产清查，可以查明各项财产物资的实有数量，确定实有数量与账面之间的差异，查明原因和责任

　　B. 通过财产清查，可以查明各项财产物资的保管情况是否良好，有无因管理不善，造成霉烂、变质、损失浪费

　　C. 通过财产清查，可以查明各项财产物资的保管情况是否良好，有无被非法挪用、贪污盗窃的情况，以便采取有效措施，改善管理，切实保障各项财产物资的安全完整

　　D. 通过财产清查，可以查明各项财产物资实际数量，合理安排生产经营活动

30. 下列各项中，关于会计账簿的保管说法正确的是（　　）。

　　A. 各种账簿必须按照国家统一的会计制度的规定妥善保管

　　B. 年度终了，各种账簿在结转下年、建立新账后，一般都要把旧账送交总账会计集中统一管理

　　C. 会计账簿暂由本单位财务会计部门保管一年

　　D. 期满以后，由本单位档案部门编制移交清册，并进行保管

（三）判断题

1. 库存现金日记账既是订本式，又是借方贷方多栏式。　　　　　　　　（　　）
2. 活页账是在账簿登记完毕之前，账页都不固定装订在一起，而是装在活页账夹中；当账簿登记完毕后，将账页予以装订，加具封面，并给各账页连续编号。　　（　　）
3. 在明细账的核算中，需要对数量和金额同时进行核算的，需采用数量金额式明细账。　　　　　　　　　　　　　　　　　　　　　　　　　　　　（　　）
4. 订本式账簿便于账页的重新排列和记账人员的分工，但账页容易散失和被随意抽换。　　　　　　　　　　　　　　　　　　　　　　　　　　　（　　）
5. 常见的日记账包括库存现金日记账、银行存款日记账。　　　　　　　（　　）
6. 库存现金日记账的账页格式均为多栏式，而且必须使用订本账。　　　（　　）
7. 库存现金日记账的格式主要有三栏式和多栏式两种，库存现金日记账可以使用订本账或活页账。　　　　　　　　　　　　　　　　　　　　　　　　　（　　）
8. "生产成本"明细账一般用多栏式，"管理费用"明细账一般用三栏式。（　　）
9. 多栏式明细分类账，一般适用于收入、费用、成本的明细分类账。　　（　　）
10. 库存现金、银行存款日记账应做到日清日结，保证账实相符。　　　　（　　）
11. 库存现金日记账和银行存款日记账不论在何种账务处理程序下，都是根据收款凭证、付款凭证及转账凭证逐日逐笔顺序登记的。　　　　　　　　　　（　　）
12. 各种账簿必须按事先编好的页码，逐页逐行按顺序连续登记，不得隔页、跳行。如不慎发生这种状况，把空页直接撕毁。　　　　　　　　　　　　　（　　）
13. 原材料明细账的每一账页登记完毕结转下页时，可以只将每页末的余额结转次页，同时将本页的发生额结转次页。　　　　　　　　　　　　　　　（　　）
14. 账簿与账户的关系是内容和形式的关系。　　　　　　　　　　　　　（　　）
15. 总分类账户及其所属的明细分类账户必须在同一天登记。　　　　　　（　　）
16. 红色墨水仅限于冲销错误记录。　　　　　　　　　　　　　　　　　（　　）

17. 登记账簿时，发生的空行要用斜线注销，发生的空页也不得随意撕掉，应写明此页空白，并由会计人员和会计机构负责人盖章，以明确责任。（ ）
18. 应收、应付款明细账和各项财产物资明细账不需要按月结计本期发生额。（ ）
19. 需要按月结计发生额的收入、费用等明细账，每月结账时，要结出本月发生额和余额，在摘要栏内注明"本月合计"字样，并在下面通栏划双红线。（ ）
20. 库存现金日记账和银行存款日记账必须按日结出余额。（ ）
21. 所谓平行登记，是对所发生的每一笔经济业务，都要以会计凭证为依据，一方面记入有关总分类账户，另一方面要记入该总分类账户所属的明细分类账户的方法。（ ）
22. 登记账簿时，应当将发生的空行、空页划线注销，或者注明"此行空白"字样。（ ）
23. 任何单位，对账工作应该每月至少进行一次。（ ）
24. 对账是指为使期末用于编制会计报表的数据真实、可靠而进行的有关账项的核对工作。（ ）
25. 在记账以后，结账之前，如果发现记账凭证和账簿记录的金额大于实际金额，而所用会计科目及记账方向并无错误，可用划线更正法更正。（ ）
26. 会计人员根据审核无误的记账凭证记账时，将贷记账户的金额48 000元写成84 000元，更正时应采用划线更正法。（ ）
27. 对于更换新账的，应在新账第一行摘要栏注明"上年结转"或"年初余额"字样，并将上年余额计入"余额"栏内；此外，新旧账有关账户之间转记余额，要编制记账凭证。（ ）
28. 各账户结出余额后，应在"借或贷"栏内写明"借"或"贷"，没有余额的账户在"借"或"贷"栏内不写字，在"余额"栏内写"0"。（ ）
29. 对于会计账簿的更换，有些财产物资明细账和债权债务明细账由于材料品种、规格和往来单位较多，更换新账时，重抄一遍的工作量较大的明细账，可以连续使用，不必每年更换。（ ）
30. 存货盘亏、毁损的净损失，属于自然损耗产生的定额损耗，经批准后计入"管理费用"科目。（ ）
31. 财产清查是指通过对货币资金、实物资产和往来款项的盘点或核对，确定其实存数，以查明账存数与实存数是否相符的一种专门方法。（ ）
32. 存货发生盘盈，经批准后，借记"待处理财产损溢——待处理流动资产损溢"科目，贷记"管理费用"科目。（ ）
33. 年度终了结账时，应当在全年累计发生额下面划通栏的单红线。（ ）
34. 在结账前应将本期发生的经济业务事项全部登记入账，并保证其正确性，不能漏记或错记。（ ）
35. 对于会计账簿的更换，卡片账可以连续使用，不必每年更换。（ ）

项目五

提供经济活动信息，掌握编制会计报表的方法

一、实训目标：实训目的与要求

通过实训，使学生了解会计报表的概念和作用，熟悉会计报表的结构和内容，较为熟练地掌握资产负债表和利润表的编制方法。

二、实训准备：实训器材与用具

空白的资产负债表和利润表。

三、练一练：实训练习题

（一）单项选择题

1. 资产负债表是反映企业在（　　）的财务状况的报表。
   A. 一定期间 B. 某一特定日期
   C. 某一特定时期 D. 某一会计期间
2. 在下列各个财务报表中，属于企业对外提供的静态报表是（　　）。
   A. 利润表 B. 所有者权益变动表
   C. 现金流量表 D. 资产负债表
3. 关于资产负债表的格式，下列说法不正确的是（　　）。
   A. 资产负债表主要有账户式和报告式
   B. 我国的资产负债表采用报告式
   C. 账户式资产负债表分为左右两方，左方为资产，右方为负债和所有者权益
   D. 负债和所有者权益按照求偿权的先后顺序排列
4. 资产负债表"货币资金"项目不包括（　　）账户的余额。
   A. 库存现金 B. 银行存款
   C. 其他货币资金 D. 应收票据
5. 账户式资产负债表分左右两方，左方为资产，右方为负债及所有者权益。以下说法不正确的是（　　）。

A. 资产项目按流动性大小排列
B. 负债及所有者权益项目按求偿权先后顺序排列
C. 平衡公式为"资产＝负债＋所有者权益"
D. 平衡公式为"资产＋负债＝所有者权益"

6. 编制资产负债表的主要依据是（　　）。
A. 资产、负债及所有者权益的本期发生额
B. 损益类账户的本期发生额
C. 资产、负债及所有者权益的账户的期末余额
D. 各损益类账户的期末余额

7. "应收账款"科目所属明细科目如有贷方余额，应在资产负债表（　　）项目中反映。
A. 预付款项　　　B. 预收款项　　　C. 应收账款　　　D. 应付账款

8. 资产负债表中应付账款项目应根据（　　）填列。
A. "应付账款"总账账户的期末余额
B. "应付账款"总账账户的所属明细账户的期末余额
C. "应付账款"和"预付账款"所属各明细科目的期末贷方余额的合计数
D. "应付账款"和"预付账款"所属各明细科目的期末借方余额的合计数

9～12题的资料如下：天蓝公司在编制2019年12月31日资产负债表时，"应收账款""应付账款""预付账款"和"预收账款"总账和明细分类账的期末余额见表5-1和表5-2，应收账款计提的坏账准备金额为100元。

表5-1　应收账款和应付账款

单位：元

应收账款——A公司	借方	6 500	应付账款——E公司	贷方	2 200
应收账款——B公司	贷方	1 500	应付账款——F公司	贷方	1 000
应收账款——C公司	借方	2 000	应付账款——G公司	借方	1 000
应收账款——D公司	借方	1 000	应付账款——H公司	贷方	200
合计	借方	8 000	合计	贷方	2 400

表5-2　预付账款和预收账款

单位：元

预付账款——甲公司	借方	400	预收账款——丙公司	借方	100
预付账款——乙公司	贷方	1 000	预收账款——丁公司	贷方	300
合计	贷方	600	合计	贷方	200

9. 天蓝公司2019年12月31日资产负债表上"应收账款"项目的金额为（　　）元。
A. 8 000　　　B. 9 600　　　C. 4 000　　　D. 9 500

10. 天蓝公司2019年12月31日资产负债表上"应付账款"项目的金额为（　　）元。
A. 1 000　　　B. 1 400　　　C. 2 400　　　D. 4 400

11. 天蓝公司2019年12月31日资产负债表上"预收款项"项目的金额为（　　）元。
A. 200　　　B. 1 800　　　C. 100　　　D. 2 400

12. 天蓝公司 2019 年 12 月 31 日资产负债表上"预付款项"项目的金额为（　　）元。
    A. 0　　　　　　　　B. 600　　　　　　　　C. 1 400　　　　　　　　D. 8 000
13. 某项长期借款若在资产负债表日还款期短于 1 年，编制资产负债表时，应在（　　）项目填制。
    A. 短期借款　　　　　　　　　　　　　　B. 长期借款
    C. 一年内到期的长期负债　　　　　　　　D. 流动负债
14. 利润表是反映（　　）的报表。
    A. 财务状况　　　　B. 经营成果　　　　C. 费用和成本　　　　D. 合并财务
15. 以下属于利润表的项目有（　　）。
    A. 货币资金　　　　B. 应交税费　　　　C. 未分配利润　　　　D. 净利润
16. 我国的利润表依据（　　）格式编制。
    A. 账户式　　　　　B. 报告式　　　　　C. 多步式　　　　　　D. 单步式
17. 编制财务报表时，以"收入－费用＝利润"这一会计等式作为编制依据的财务报表是（　　）。
    A. 利润表　　　　　　　　　　　　　　　B. 所有者权益变动表
    C. 资产负债表　　　　　　　　　　　　　D. 现金流量表
18. 编制利润表主要是根据（　　）。
    A. 资产、负债及所有者权益各账户的本期发生额
    B. 资产、负债及所有者权益各账户的期末余额
    C. 损益类各账户的本期发生额
    D. 损益类各账户的期末余额
19. 利润表中，与计算"营业利润"无关的项目是（　　）。
    A. 营业外收入　　　B. 投资收益　　　　C. 营业收入　　　　D. 资产减值损失

20～22 题中乙公司的资料见表 5-3。

表 5-3　2019 年度乙公司损益类账户的累计发生额

单位：万元

科目名称	借方发生额	贷方发生额
主营业务收入		1 000
主营业务成本	500	
税金及附加	10	
销售费用	40	
管理费用	150	
财务费用		10
投资收益		30
营业外收入		30
营业外支出	50	
所得税费用	80	

20. 乙公司 2019 年实现营业利润（　　）万元。
　　A. 500　　　　　　　B. 490　　　　　　　C. 340　　　　　　　D. 320
21. 乙公司 2019 年实现利润总额（　　）万元。
　　A. 500　　　　　　　B. 490　　　　　　　C. 300　　　　　　　D. 320
22. 乙公司 2019 年实现净利润（　　）万元。
　　A. 240　　　　　　　B. 390　　　　　　　C. 300　　　　　　　D. 290
23. 下列关于现金流量表的描述正确的是（　　）。
　　A. 现金流量表是反映企业在一定会计期间库存现金流入和流出的报表
　　B. 现金流量表是反映企业在一定会计期间现金和现金等价物流入和流出的报表
　　C. 现金等价物指的是企业的银行存款以及其他货币资金
　　D. 购买的股票投资也属于企业现金等价物
24. （　　）是指对资产负债表、利润表、现金流量表等报表中列示项目所做的进一步说明，以及对未能在这些报表中列示项目的说明等。
　　A. 财务会计报告　　　　　　　　　　B. 财务会计报告附注
　　C. 会计报表附注　　　　　　　　　　D. 财务情况说明书
25. 下列不属于中期报告的是（　　）。
　　A. 年报　　　　　　　B. 月报　　　　　　　C. 季报　　　　　　　D. 半年报

（二）多项选择题

1. 资产负债表的格式有（　　）。
　　A. 账户式　　　　　　B. 报告式　　　　　　C. 单步式　　　　　　D. 多步式
2. 关于资产负债表，下列说法中正确的有（　　）。
　　A. 又称为静态报表
　　B. 可据以分析企业的经营成果
　　C. 可据以分析企业的债务偿还能力
　　D. 可据以分析企业在某一日期所拥有的经济资源及其分布情况
3. 资产负债表的表头，应该包括（　　）。
　　A. 报表名称　　　　　　　　　　　　B. 金额计量单位
　　C. 编制日期　　　　　　　　　　　　D. 编表单位名称
4. 下列各项中，属于资产负债表中流动资产项目的有（　　）。
　　A. 货币资金　　　　　B. 预收款项　　　　　C. 应收账款　　　　　D. 存货
5. 下列项目中，列在资产负债表左方的是（　　）。
　　A. 长期股权投资　　　B. 长期借款　　　　　C. 应收账款　　　　　D. 资本公积
6. 资产负债表中的"期末余额"栏各项目的填列方法有（　　）。
　　A. 根据总账账户的余额直接填列　　　B. 根据总账余额计算填列
　　C. 根据明细账户的余额计算填列　　　D. 根据总账余额和明细账余额计算填列
7. 资产负债表的下列项目中，可根据总账账户期末余额直接填列的有（　　）。
　　A. 固定资产　　　　　B. 应付股利　　　　　C. 应付账款　　　　　D. 应交税费
8. 编制资产负债表时，需根据有关总账科目期末余额分析、计算填列的项目有（　　）。
　　A. 货币资金　　　　　B. 预付款项　　　　　C. 存货　　　　　　　D. 短期借款

9. 根据总账科目直接填列资产负债表项目有（   ）。
   A. 短期借款　　　B. 应收账款　　　C. 货币资金　　　D. 资本公积
10. 资产负债表中某些项目需要根据明细账户的余额计算填列，如（   ）等项目。
    A. 应收账款　　　B. 短期借款　　　C. 应付账款　　　D. 应收票据
11. 资产负债表中"应收账款"项目应根据（   ）之和减去"坏账准备"账户中有关应收账款计提的坏账准备期末余额填列。
    A. "应收账款"科目所属明细科目的借方余额
    B. "应收账款"科目所属明细科目的贷方余额
    C. "应付账款"科目所属明细科目的贷方余额
    D. "预收账款"科目所属明细科目的借方余额
12. 资产负债表"应付账款"项目应根据（   ）填制。
    A. "应付账款"总分类账户期末余额
    B. "应付账款"明细分类账户期末贷方余额
    C. "预付账款"明细分类账户期末贷方余额
    D. "应收账款"明细分类账户期末贷方余额
13. 正华公司2019年12月31日"应付账款"账户为贷方余额260 000元，其所属明细账户的贷方余额合计为330 000元，所属明细账户的借方余额合计为70 000元；"预付账款"账户为借方余额150 000元，其所属明细账户的借方余额合计为200 000元，所属明细账户的贷方余额合计为50 000元。则正华公司2019年12月31日资产负债表中"应付账款"和"预付款项"两个项目的期末数分别应为（   ）元。
    A. 380 000　　　B. 260 000　　　C. 150 000　　　D. 270 000
14. 资产负债表中"存货"项目的计算包括（   ）等账户。
    A. 原材料　　　B. 生产成本　　　C. 存货跌价准备　　　D. 库存商品
15. 利润表的特点有（   ）。
    A. 根据相关账户的本期发生额编制
    B. 根据相关账户的期末余额编制
    C. 属于静态报表
    D. 属于动态报表
16. 关于利润表，下列说法中正确的有（   ）。
    A. 它属于静态报表
    B. 它属于动态报表
    C. 它反映企业在一定会计期间的经营成果
    D. 可据以分析企业的获利能力及利润的未来发展趋势
17. 利润表中，"营业成本"项目的"本期金额"，应根据（   ）账户的本期发生额计算填列。
    A. 生产成本　　　B. 主营业务成本　　　C. 其他业务成本　　　D. 劳务成本
18. 利润表中的"营业收入"项目填列的依据有（   ）。
    A. "营业外支出"发生额
    B. "主营业务收入"发生额
    C. "其他业务收入"发生额
    D. "税金及附加"发生额
19. 下列项目会影响当期损益的是（   ）。
    A. 制造费用　　　B. 财务费用　　　C. 管理费用　　　D. 销售费用

20. 以下项目中，会影响营业利润计算的有（　　）。
   A. 营业外收入　　　　　　　　　　　　B. 税金及附加
   C. 营业成本　　　　　　　　　　　　　D. 销售费用
21. 下列等式正确的有（　　）。
   A. 资产＝负债＋所有者权益
   B. 营业利润＝主营业务收入＋其他业务收入－主营业务成本－其他业务成本＋投资收益＋公允价值变动收益＋资产处置收益＋其他收益
   C. 利润总额＝营业利润＋营业外收入－营业外支出
   D. 净利润＝利润总额－所得税费用
22. 现金流量表将现金流量分成（　　）。
   A. 经营活动产生的现金流量　　　　　　B. 投资活动产生的现金流量
   C. 筹资活动产生的现金流量　　　　　　D. 其他活动产生的现金流量
23. 财务会计报告反映的内容主要包括企业（　　）。
   A. 某一特定日期的财务状况　　　　　　B. 某一会计期间的经营成果
   C. 某一会计期间的成本费用　　　　　　D. 某一会计期间的现金流量
24. 财务会计报告使用者包括（　　）等。
   A. 债务人　　　　B. 出资人　　　　C. 银行　　　　D. 税务机关
25. 企业年度财务报表至少应当包括（　　）。
   A. 资产负债表　　　　　　　　　　　　B. 利润表
   C. 现金流量表　　　　　　　　　　　　D. 财务会计报表附注

（三）判断题

1. 资产负债表是反映企业在某一时期财务状况的会计报表。　　　　　　　　（　　）
2. 资产负债表的格式主要有账户式和报告式两种，我国采用的是报告式，因此才出现财务会计报告这个名词。　　　　　　　　　　　　　　　　　　　　　　　　（　　）
3. 资产负债表是总括反映企业特定日期资产、负债和所有者权益情况的动态报表，通过它可以了解企业的资产构成、资金的来源构成和企业债务的偿还能力。　　　（　　）
4. "资产＝负债＋所有者权益"这一会计等式，是资产负债表的理论依据。　（　　）
5. 资产负债表中的"货币资金"项目，反映的是企业库存现金和银行结算户存款二者的合计数。　　　　　　　　　　　　　　　　　　　　　　　　　　　　　　（　　）
6. 资产负债表中的"应收账款"科目所属明细科目期末若有贷方余额，应在本表中"预收款项"项目中填列。　　　　　　　　　　　　　　　　　　　　　　（　　）
7. 资产负债表中的"货币资金"项目，应根据"银行存款"账户的期末余额填列。
　　　　　　　　　　　　　　　　　　　　　　　　　　　　　　　　　　（　　）
8. 资产负债表中的"固定资产"项目，应根据"固定资产"账户余额减去"累计折旧""固定资产减值准备"等账户的期末余额后的金额填列。　　　　　　　（　　）
9. 资产负债表中的"存货"项目应根据"库存商品"科目的余额直接填列。（　　）
10. 2019年12月31日，五华公司"长期借款"账户贷方余额520 000元，其中，2020年6月30日到期的借款为200 000元，则五华公司2020年6月30日编制的资产负债表中，"长期借款"项目的"期末余额"应为320 000元。　　　　　　　　　　　（　　）

11. 编制以 12 月 31 日为资产负债表日的资产负债表时,表中的"未分配利润"项目应根据"利润分配"账户的年末余额直接填列。( )

12. 2019 年 3 月 31 日,某公司"本年利润"账户为贷方余额 153 000 元,"利润分配"账户为贷方余额 96 000 元,则当日编制的资产负债表中,"未分配利润"项目的"期末余额"应为 57 000 元。( )

13. 通过利润表,可以考核企业一定会计期间的经营成果,分析企业的获利能力及利润的未来发展趋势,了解投资者投入资本的保值增值情况。( )

14. 我国利润表的格式是单步式。( )

15. 利润表是反映企业在特定日期上利润(亏损)实现情况的会计报表,它属于静态报表。( )

16. 利润表中"营业成本"项目,反映企业销售产品和提供劳务等主要经营业务的各项销售费用和实际成本。( )

17. 多步式利润表的优点突出,在会计实务得到广泛使用,因此我国即是采用多步式利润表格式。( )

18. 营业利润减去管理费用、销售费用、财务费用和所得税费用后得到净利润。( )

19. 净利润是指营业利润减去所得税后的净额。( )

20. 现金流量表中的"现金"指的是库存现金。( )

21. 现金流量表是静态报表。( )

22. 会计报表通常包括资产负债表、利润表、现金流量表等报表。( )

23. 财务会计报表等同于财务会计报告。( )

24. 编制企业财务报告的目的是向单位的有关各方提供全面、系统的财务会计信息,以帮助他们了解该经营单位管理层受托责任的履行情况,分析其业务活动中存在的问题,便于报告的使用者做出更加合理的经营决策。( )

25. 会计报表附注是指对在会计报表中列示项目所做的进一步说明,以及对未能在这些报表中列示项目的说明等。( )

(四)业务题

1. 实训目的:练习资产负债表的编制方法。

实训资料:金陵有限公司 2019 年 12 月月末的各账户余额见表 5-4。

表 5-4 金陵有限公司 2019 年 12 月 31 日总账科目余额表

单位:元

账户名称	借方余额	账户名称	贷方余额
库存现金	20 000	短期借款	230 000
银行存款	560 000	应付票据	290 000
其他货币资金	36 000	应付账款	380 000
应收票据	430 000	预收账款	220 000
应收账款	400 000	其他应付款	46 000
坏账准备	-2 000	应付职工薪酬	147 500
预付账款	110 000	应付利息	70 000

续表

账户名称	借方余额	账户名称	贷方余额
其他应收款	70 000	应付股利	20 000
在途物资	135 000	应交税费	160 500
原材料	620 000	长期借款	470 000
周转材料	150 000	其中：1年内到期的非流动负债	130 000
库存商品	1 320 000	递延所得税负债	145 000
材料成本差异	0	股本	3 160 000
存货跌价准备	-10 000	资本公积	2 120 000
长期股权投资	340 000	盈余公积	1 030 000
固定资产	5 640 000	利润分配	2 040 000
累计折旧	-50 000		
固定资产减值损失	-10 000		
工程物资	20 000		
在建工程	410 000		
无形资产	440 000		
累计摊销	-100 000		
长期待摊费用	0		
合计	10 529 000	合计	10 529 000

2019年12月31日，金陵有限公司部分明细科目余额见表5-5。

表5-5　金陵有限公司部分明细科目余额

单位：元

总账科目	明细科目借方余额合计	明细科目贷方余额合计
应收账款	500 000	100 000
预付账款	230 000	120 000
应付账款	160 000	540 000
预收账款	60 000	280 000

实训要求：编制金陵有限公司2019年12月31日资产负债表，并将数据填入表5-6。

表5-6　资产负债表

会企01表

编制单位：　　　　　　　　　　　年　月　日　　　　　　　　　　单位：元

资　产	期末余额	上年年末余额	负债和所有者权益（或股东权益）	期末余额	上年年末余额
流动资产：			流动负债：		

续表

资　　产	期末余额	上年年末余额	负债和所有者权益（或股东权益）	期末余额	上年年末余额
货币资金			短期借款		
以公允价值计量且其变动计入当期损益的金融资产			以公允价值计量且其变动计入当期损益的金融负债		
衍生金融资产			衍生金融负债		
应收票据			应付票据		
应收账款			应付账款		
预付款项			预收款项		
其他应收款			应付职工薪酬		
存货			应交税费		
持有待售资产			其他应付款		
一年内到期的非流动资产			持有待售负债		
其他流动资产			一年内到期的非流动负债		
流动资产合计			其他流动负债		
非流动资产：			流动负债合计		
可供出售金融资产			非流动负债：		
持有至到期投资			长期借款		
长期应收款			应付债券		
长期股权投资			其中：优先股		
投资性房地产			永续债		
固定资产			长期应付款		
在建工程			预计负债		
生产性生物资产			递延收益		
油气资产			递延所得税负债		
无形资产			其他非流动负债		
开发支出			非流动负债合计		
商誉			负债合计		
长期待摊费用			所有者权益（或股东权益）：		
递延所得税资产			实收资本（或股本）		
其他非流动资产			其他权益工具		
非流动资产合计			其中：优先股		
			永续债		
			资本公积		

续表

资　产	期末余额	上年年末余额	负债和所有者权益（或股东权益）	期末余额	上年年末余额
			减：库存股		
			其他综合收益		
			专项储备		
			盈余公积		
			未分配利润		
			所有者权益（或股东权益）合计		
资产总计			负债和所有者权益（或股东权益）总计		

2. 实训目的：练习利润表的编制方法。

实训资料：富康有限公司2019年度各损益类账户发生额见表5-7。

表5-7　富康有限公司2019年度各损益类账户发生额

单位：元

科　目　名　称	借方发生额	贷方发生额
主营业务收入		2 340 000.00
其他业务收入		550 000.00
营业外收入		80 000.00
主营业务成本	960 000.00	
其他业务成本	210 000.00	
税金及附加	34 000.00	
销售费用	100 000.00	
管理费用	180 000.00	
财务费用	40 000.00	
营业外支出	46 000.00	
所得税费用	350 000.00	

实训要求：编制富康有限公司2019年度的利润表，并将数据填入表5-8。

表5-8　利润表

会计02表

编制单位：　　　　　　　　　　年度　　　　　　　　　　单位：元

项　　目	本期金额	上期金额
一、营业收入		

续表

项　　目	本期金额	上期金额
减：营业成本		
税金及附加		
销售费用		
管理费用		
研发费用		
财务费用		
其中：利息费用		
利息收入		
加：其他收益		
投资收益（损失以"－"号填列）		
其中：对联营企业和合营企业的投资收益		
公允价值变动收益（损失以"－"号填列）		
资产减值损失（损失以"－"号填列）		
资产处置收益（损失以"－"号填列）		
二、营业利润（亏损以"－"号填列）		
加：营业外收入		
减：营业外支出		
三、利润总额（亏损总额以"－"号填列）		
减：所得税费用		
四、净利润（净亏损以"－"号填列）		
（一）持续经营净利润（净亏损以"－"号填列）		
（二）终止经营净利润（净亏损以"－"号填列）		
五、其他综合收益的税后净额		
（一）以后不能重分类进损益的其他综合收益		
1. 重新计量设定受益计划净负债或净资产的变动		
2. 权益法下在被投资单位不能重分类进损益的其他综合收益中享有的份额		
……		
（二）以后将重分类进损益的其他综合收益		
1. 权益法下在被投资单位以后将重分类进损益的其他综合收益中享有的份额		
2. 可供出售金融资产公允价值变动损益		

续表

项　　目	本期金额	上期金额
3. 持有至到期投资重分类为可供出售金融资产损益		
4. 现金流量套期损益的有效部分		
5. 外币财务报表折算差额		
……		
六、综合收益总额		
七、每股收益：		
（一）基本每股收益		
（二）稀释每股收益		

四、测一测：初级会计资格考试练习题

（一）单项选择题

1. 企业的资产负债表是反映企业某一特定日期（　　）的财务会计报表。
   A. 权益变动情况　　　B. 财务状况　　　C. 经营成果　　　D. 现金流量
2. 以下报表可以提供企业资产的流动性和偿债能力情况的是（　　）。
   A. 资产负债表　　　　　　　　B. 利润分配表
   C. 所有者权益变动表　　　　　D. 现金流量表
3. 账户式资产负债表的左方为（　　）。
   A. 资产项目，按资产的流动性大小顺序排列
   B. 资产项目，按资产的流动性由小到大顺序排列
   C. 负债及所有者权益项目，一般按求偿权先后顺序
   D. 负债及所有者权益项目，按短期负债、长期负债、所有者权益顺序排列
4. 资产负债表的格式，以下说法中不正确的是（　　）。
   A. 资产负债表主要有账户式和报告式
   B. 我国的资产负债表采用报告式
   C. 账户式资产负债表分为左右两方，左方为资产，右方为负债和所有者权益
   D. 负债和所有者权益按照求偿权的先后顺序排列
5. 下列各项中，流动资产是（　　）。
   A. 应收账款　　　B. 应付账款　　　C. 无形资产　　　D. 短期借款
6. 以下不属于资产负债表项目的是（　　）。
   A. 固定资产　　　B. 累计折旧　　　C. 预收款项　　　D. 应付账款
7. 下列资产负债表项目中，不能根据总账余额直接填列的是（　　）。
   A. 实收资本　　　B. 盈余公积　　　C. 存货　　　　　D. 短期借款
8. 资产负债表中的"存货"项目可以根据（　　）。
   A. "存货"账户的期末借方余额直接填列
   B. "原材料"账户的期末借方余额直接填列

C. "原材料""生产成本""库存商品"等账户的期末借方余额之和填列
D. "存货""在产品"等账户的期末借方余额之和填列

9. 芳华公司2019年12月31日"应收账款"账户为借方余额208 000元,其所属明细账户的借方余额合计为281 000元,所属明细账户贷方余额合计为73 000元,"坏账准备"账户贷方余额1 000元,其中针对应收账款的坏账准备为780元,则该公司2019年12月31日资产负债表中"应收账款"项目的期末数应是(　　)元。

　　A. 280 000　　　　B. 280 220　　　　C. 207 000　　　　D. 206 320

10. 2019年12月31日,Z公司"应付账款"账户为贷方余额160 000元,其所属明细账户的贷方余额合计为540 000元,所属明细账户的借方余额合计为380 000元;"预付款项"账户为借方余额100 000元,其所属明细账户的借方余额合计为240 000元,所属明细账户的贷方余额为140 000元。Z公司2019年12月31日资产负债表中,"应付账款"和"预付款项"两个项目的期末数分别应为(　　)。

　　A. 780 000元和520 000元　　　　B. 300 000元和480 000元
　　C. 680 000元和620 000元　　　　D. 260 000元和150 000元

11. 明辉公司2019年12月31日"应付账款"账户为贷方余额260万元,其所属明细账户的贷方余额合计为330万元,所属明细账的借方余额合计为70万元;"预付款项"账户为借方余额150万元,其所属明细账的借方余额合计为200万元,所属明细账户贷方余额合计50万元。则该公司2019年12月31日资产负债表中"应付账款"和"预付款项"两个项目的期末数分别应为(　　)。

　　A. 380万元和270万元　　　　B. 330万元和200万元
　　C. 530万元和120万元　　　　D. 260万元和150万元

12. 在编制资产负债表时,需根据若干个总账账户的期末余额分析计算填列的项目有(　　)。

　　A. 预付款项　　B. 未分配利润　　C. 应付账款　　D. 应付职工薪酬

13. M公司2019年12月31日,"固定资产"原值为1 000 000元,"累计折旧"为300 000元,"固定资产减值准备"100 000元,则该公司2019年12月31日资产负债表中"固定资产"项目金额为(　　)元。

　　A. 1 000 000　　B. 700 000　　C. 600 000　　D. 650 000

14. 下列项目在编制资产负债表时,(　　)需根据总账及有关明细账户的余额分析计算填列。

　　A. "存货"项目　　　　B. "应收账款"项目
　　C. "长期借款"项目　　D. "应付账款"项目

15. 资产负债表是反映(　　)的会计报表。
　　A. 企业在某一特定日期生产经营成果　　B. 企业在一定会计期间生产经营成果
　　C. 企业在某一特定日期财务状况　　　　D. 企业在一定会计期间的财务状况

16. 以下项目中,不是利润表列报项目的是(　　)。
　　A. 财务费用　　B. 营业外支出　　C. 营业收入　　D. 制造费用

17. 以下项目中不属于利润表项目的是(　　)。
　　A. 营业成本　　B. 主营业务收入　　C. 营业外收入　　D. 所得税费用

18. 我国现行的利润表结构一般采用（   ）。
   A. 单步式　　　　　B. 多步式　　　　　C. 账户式　　　　　D. 报告式
19. 下列各项中，影响营业利润的是（   ）。
   A. 销售费用　　　　B. 生产费用　　　　C. 营业外收入　　　D. 所得税费用
20. 在多步式利润表中，净利润等于（   ）。
   A. 利润总额减去应交所得税　　　　　B. 利润总额减去利润分配额
   C. 利润总额减去销售费用　　　　　　D. 利润总额减去所得税费用
21. 在多步式利润表中，下列关于净利润的计算，表述正确的是（   ）。
   A. 利润总额减去应交所得税　　　　　B. 利润总额减去利润分配额
   C. 利润总额减去销售费用　　　　　　D. 利润总额减去所得税费用
22. D公司2019年12月损益账户发生额如下：营业收入8 000万元，营业成本5 000万元，税金及附加860万元，销售费用500万元，管理费用400万元，财务费用100万元，营业外收入50万元，所得税费用440万元。则该公司2019年12月利润表中"营业利润"项目的本月数为（   ）万元。
   A. 3 000　　　　　B. 1 140　　　　　C. 2 040　　　　　D. 1 600
23. A公司本月主营业务收入为100 000元，其他业务收入为8 000元，营业外收入为9 000元，主营业务成本为76 000元，其他业务成本为5 000元，税金及附加为3 000元，营业外支出为7 500元，管理费用为4 000元，销售费用为3 000元，财务费用为1 500元，所得税费用为4 875元。则该企业本月营业利润为（   ）元。
   A. 17 000　　　　　B. 15 500　　　　　C. 2 500　　　　　D. 8 000
24. S公司本月损益账户的发生额如下：主营业务收入7 200万元，主营业务成本4 500万元，税金及附加770万元，销售费用500万元，管理费用400万元，财务费用150万元，营业外支出80万元，所得税费用200万元。则利润表中"净利润"项目的本月数为（   ）万元。
   A. 600　　　　　　B. 700　　　　　　C. 750　　　　　　D. 1 000
25. 按照编制单位的不同，企业财务报表可分为（   ）。
   A. 内部报表和外部报表　　　　　　　B. 静态报表和动态报表
   C. 个别会计报表和合并会计报表　　　D. 月报、季报和年报

(二) 多项选择题
1. 下列有关资产负债表的说法正确的有（   ）。
   A. 资产负债表又称为静态报表
   B. 可以根据资产负债表分析企业的债务偿还能力
   C. 资产负债表各项目是根据各总账账户的期末余额填列的
   D. 资产负债表是企业的主要财务报表之一
2. 资产负债表的表头包括（   ）。
   A. 报表的名称　　　B. 计量单位　　　C. 编表单位名称　　　D. 编制日期
3. 下列各项中，在资产负债表左方列示的有（   ）。
   A. 货币资金　　　　B. 流动资产　　　C. 无形资产　　　　　D. 非流动资产
4. 下列各项中，属于流动资产项目的有（   ）。
   A. 应收账款　　　　B. 预收款项　　　C. 其他应收款　　　　D. 存货

5. 以下属于流动负债下的项目有（　　）。
   A. 应付账款　　　　　　　　　　B. 其他应付款
   C. 长期借款　　　　　　　　　　D. 一年内到期的长期负债
6. 资产负债表中的"期末余额"栏各项目的填列方法有（　　）。
   A. 根据总账账户的余额直接填列
   B. 根据总账余额和其所属明细账余额计算填列
   C. 根据明细账户的余额计算填列
   D. 根据科目汇总表余额直接填列
7. 编制资产负债表时，可以根据总分类账户的期末余额直接填列的是（　　）。
   A. 应交税费　　　B. 存货　　　　C. 应收账款　　　D. 短期借款
8. "货币资金"可以根据（　　）账户余额计算填列。
   A. 库存现金　　　B. 银行存款　　　C. 其他货币资金　　　D. 应收票据
9. 下列资产负债表项目中，不能直接根据总分类账户余额填列的有（　　）。
   A. 应付职工薪酬　　B. 应收账款　　　C. 存货　　　D. 未分配利润
10. 下列资产负债表项目中，应根据相关科目明细余额填列的有（　　）。
    A. 应收账款　　　B. 预收款项　　　C. 货币资金　　　D. 预付账款
11. 资产负债表中，"应付账款"项目应根据（　　）总分类账户所属各明细分类账户期末贷方余额合计填列。
    A. 应收账款　　　B. 预付账款　　　C. 预收账款　　　D. 应付账款
12. T公司"应收账款"科目月末借方余额4 000元，其中："应收甲公司账款"明细科目借方余额为6 000元，"应收乙公司账款"明细科目贷方余额为2 000元；"预收账款"科目月末贷方余额500元，其中："预收A工厂账款"明细科目贷方余额3 000元，"预收B工厂账款"明细科目借方余额2 500元。T公司月末资产负债表中"应收账款"和"预收款项"项目中分别填列的金额为（　　）元。
    A. 8 500　　　B. 5 000　　　C. 4 000　　　D. 500
13. 下列关于利润表的描述正确的有（　　）。
    A. 根据有关账户发生额编制　　　B. 动态报表
    C. 反映财务状况的报表　　　　　D. 反映经营成果的报表
14. 下列选项中，属于利润表的项目有（　　）。
    A. 制造费用　　　B. 管理费用　　　C. 财务费用　　　D. 销售费用
15. 下列各项中，会影响营业利润的有（　　）。
    A. 营业收入　　　B. 营业外收入　　　C. 投资收益　　　D. 营业外支出
16. 下列各选项中，会影响企业利润总额中的有（　　）。
    A. 营业利润　　　　　　　　　　B. 营业外收入
    C. 营业外支出　　　　　　　　　D. 所得税费用
17. 下列各项中，企业在编制利润表时需要计算填列的有（　　）。
    A. 营业收入　　　B. 营业成本　　　C. 销售费用　　　D. 利润总额
18. B公司2019年12月的主营业务收入为170万元，主营业务成本为119万元，税金及附加为17万元，销售费用为11万元，管理费用为10万元，财务费用为1.9万元，营业外收入为 1.6 万元,营业外支出为 2.5 万元,其他业务收入为 20 万元,其他业务成本为 10 万元,应交所得税按利润总额的 25% 计算,关于该公司 2019 年 12 月营业利润、利润总额、企业净利润的计算,错误的是(   )。

    A. 11.1 万元、23.2 万元、17.4 万元   B. 21.1 万元、20.2 万元、15.15 万元

    C. 35.6 万元、23.2 万元、7.4 万元   D. 11.1 万元、20.2 万元、15.15 万元

19. C 公司 2019 年营业利润 320 万元,营业外收入 50 万元,营业外支出 10 万元,净利润 310 万元。关于 C 公司 2019 年度有关利润表项目正确的有(   )。

    A. 利润总额 360 万元   B. 利润总额 370 万元

    C. 所得税费用 50 万元   D. 所得税费用 90 万元

20. 下列有关利润表中"上期金额"填写正确的有(   )。

    A. 该项目根据上期利润表中的"本期金额"填列

    B. 填列各项目"上期金额"时要填写其余额数

    C. 上期利润表规定的项目与本期利润表一致

    D. 上期利润表规定的项目与本期利润表不一致时,应调整为一致

21. 下列有关利润表的公式正确的有(   )。

    A. 营业利润 = 营业收入 - 营业成本 - 税金及附加 - 销售费用 - 管理费用 - 财务费用 + 其他收益 + 投资收益(-投资损失)+ 公允价值变动收益(-公允价值变动损失)+ 资产减值损失(损失填"-")+ 资产处置收益(-资产处置损失)

    B. 利润总额 = 营业利润 + 营业外收入 - 营业外支出

    C. 净利润 = 营业利润 - 所得税费用

    D. 净利润 = 利润总额 - 所得税费用

22. 下列有关报表说法正确的是(   )。

    A. 资产负债表是动态报表,利润表是静态报表

    B. 资产负债表反映的是财务状况,利润表反映的是经营成果

    C. 资产负债表和利润表都是企业的主要财务报表之一

    D. 资产负债表是月份报表,利润表是年度报表

23. 财务会计报表可以提供企业(   )的信息。

    A. 财务状况   B. 经营成果   C. 现金流量   D. 劳动状况

24. 会计报表按编制期间分类,可以分为(   )。

    A. 中期会计报表   B. 月度报表   C. 季度报表   D. 年度会计报表

25. 会计报表按其编制单位不同分类,可以分为(   )。

    A. 对内会计报表   B. 个别会计报表   C. 对外会计报表   D. 合并会计报表

(三)判断题

1. 资产负债表的账户式结构指的是资产负债表按左右顺序依次排列资产、负债及所有者权益项目。(   )

2. 资产负债表是根据"资产 = 负债 - 所有者权益"这一会计等式为理论依据编制的。(   )

3. 账户式资产负债表左方的资产项目一般是按资产流动性顺序排列的。(   )

4. 编制资产负债表的理论依据是"利润 = 收入 - 费用"。(   )

5. 资产负债表是静态报表，编制时主要根据有关账户发生额直接填列。（   ）
6. 资产负债表是总括反映企业特定日期资产、负债和所有者权益情况的静态报表，通过它可以了解企业的资产构成、资金的来源构成和承担的债务及资金的流动性和偿债能力。（   ）
7. 通过账户式资产负债表，可以反映利润、收入、费用之间的内在关系，即"利润=收入－费用"。（   ）
8. 资产负债表中的项目只能根据有关账户总账余额直接填列。（   ）
9. 资产负债表各项目的"期末余额"有的可以根据总账和其所属明细账的期末余额分析计算填列。（   ）
10. 资产负债表中"货币资金"项目应根据"库存现金""银行存款""其他货币资金"账户的期末余额合计填列。（   ）
11. "应收账款"项目应根据"应收账款"期末余额减去"坏账准备"期末余额后的净额填列。（   ）
12. "预付款项"项目应根据"预付款项"期末余额填列。（   ）
13. 资产负债表中"固定资产"项目应根据"固定资产"账户余额减去"累计折旧""固定资产减值准备"等账户的期末余额后的金额填列。（   ）
14. 利润表可以用来分析企业的偿债能力及利润的未来发展趋势。（   ）
15. 利润表的格式主要有多步式利润表和单步式利润表两种，我国企业采用的是多步式利润表格式。（   ）
16. 利润表中"营业成本"项目，反映企业销售产品和提供劳务等主要经营业务的各项销售费用和实际成本。（   ）
17. 利润表中的"营业收入"是由主营业务收入和营业外收入的合计填列。（   ）
18. 企业利润表中的净利润由营业利润和营业外收支净额组成。（   ）
19. 通过资产负债表，可以帮助报表使用者全面了解企业在一定时期的现金流入、流出信息及现金增减变动的原因；通过利润表，可以帮助报表使用者全面了解企业的财务状况，分析企业的债务偿还能力，从而为未来的经济决策提供参考信息。（   ）
20. 财务报表是会计主体对外提供的反映其财务状况、经营成果和现金流量的财务文件。（   ）
21. 企业编制会计报表的目的是满足管理者的需要。（   ）
22. 资产负债表、利润表和成本分析表都是对外报表。（   ）
23. 为使财务报表及时报送，企业在实际工作中可以提前结账。（   ）
24. 向不同会计资料使用者提供财务会计报告，其编制依据应当根据实际情况进行选择，所以其编制依据都是不一样的。（   ）
25. 企业中期财务会计报告包括年度、季度和月度财务会计报告。（   ）

项目六

展示学习成果，进行会计工作过程的基本技能综合实训

一、实训目标：实训目的与要求

通过综合实训，使学生能够比较系统地掌握会计核算的基本程序和具体方法，加深对基础会计专业理论知识的理解，提高实际动手能力。要求学生完成一套一般工业企业的日常经济业务的账务处理流程，并能根据相应的经济业务编制出财务报表。

二、实训准备：实训器材与用具

记账凭证、三栏式明细账账页、多栏式明细账账页、数量金额式明细账账页、总账账页、日记账账页、黑色水笔、红色水笔、直尺、凭证封面与封底、针、线、打孔机、资产负债表、利润表、剪刀、固体胶、别针、夹子。

三、练一练：实训练习题

（一）企业概况

江西美华笔业有限公司是从事产品生产的工业企业，主要生产铅笔、圆珠笔两种产品。公司地址：江西省南昌市高新技术开发区金圣路456号。法定代表人：王琪。公司注册资本260万元人民币。企业法人营业执照注册号：3601412254365。开户行：南昌建设银行丰源天域分理处（基本户）。账号：9553302020423210。税务登记证号：360106095365484。财务主管：黄静；会计：张晓红；出纳：张婷。经税务部门核定，为一般纳税人，使用增值税税率为13%。

（二）江西美华笔业有限公司2019年12月总分类账户的期初余额（表6-1）

表6-1　2019年12月月初有关数据

单位：元

账　户	借或贷	余　额	账　户	借或贷	余　额
一、资产			二、负债类		
库存现金	借	2 400.00	短期借款	贷	180 000.00

续表

账　户	借或贷	余　额	账　户	借或贷	余　额
银行存款	借	580 000.00	应付账款	贷	267 000.00
交易性金融资产	借	100 000.00	应付票据	贷	160 000.00
应收账款	借	284 000.00	应付职工薪酬	贷	15 620.00
其他应收款	借	250.00	应交税费	贷	118 000.00
原材料	借	127 000.00	应付利润	贷	53 400.00
周转材料	借	89 700.00	应付利息	贷	8 400.00
库存商品	借	605 000.00	长期借款	贷	200 000.00
预付账款	借	28 900.00	三、所有者权益		
持有至到期投资	借	200 000.00	实收资本	贷	3 429 300.00
长期股权投资	借	256 000.00	资本公积	贷	732 420.00
固定资产	借	4 472 000.00	减：库存股		
累计折旧	贷	685 000.00	盈余公积	贷	516 625.00
无形资产	借	692 000.00	本年利润	贷	918 000.00
			利润分配	贷	153 485.00
合计		6 752 250.00	合计		6 752 250.00

（三）2019年12月月初有关明细分类账户余额（表6-2～表6-8）

表6-2　应收账款明细账

单位：元

明细账户	借或贷	余　额
南昌市商贸有限公司	借	220 000.00
南昌市伟博工厂	借	30 000.00
江西蔡氏有限公司	借	34 000.00
合　计		284 000.00

表6-3　其他应收账款明细账

单位：元

明细账户	借或贷	余　额
王强	借	250.00
合　计		250.00

表 6-4　原材料明细账

单位：元

明细账户	单 位	结　存		
		数量	单价	金额
笔用塑料	千克	18 000	2.00	36 000.00
笔用金属	千克	22 000	3.00	66 000.00
木材	捆	200	120.00	24 000.00
其他材料	千克	100	10.00	1 000.00
合计				127 000.00

表 6-5　库存商品明细账

单位：元

明细账户	单 位	结　存		
		数量	单价	金额
铅笔	箱	1 200	265.00	318 000.00
圆珠笔	箱	1 000	287.00	287 000.00
合计				605 000.00

表 6-6　固定资产明细账

单位：元

明细账户	借或贷	余　额
房屋	借	2 490 000.00
机器设备	借	1 145 000.00
交通工具	借	837 000.00
合计		4 472 000.00

表 6-7　应交税费明细账

单位：元

明细账户	借或贷	余　额
未交增值税	贷	87 000.00
城建税	贷	6 090.00
教育费附加	贷	2 610.00
应交所得税	贷	22 300.00
合计		118 000.00

表 6-8 应付账款明细账

单位：元

明细账户	借或贷	余 额
江西省马里奥工厂	贷	261 000.00
江西省贺强工厂	贷	6 000.00
合计		267 000.00

（四）2019 年 11 月各损益类账户累计发生额

2019 年 11 月各损益类账户累计发生额如表 6-9 所示。

表 6-9 2019 年 11 月各损益类账户累计发生额

单位：元

科 目	发生额	
	借 方	贷 方
主营业务收入		2 662 500.00
主营业务成本	1 556 200.00	
税金及附加	117 300.00	
销售费用	68 450.00	
管理费用	257 000.00	
财务费用	99 400.00	
投资收益		31 600.00
其他业务收入		19 100.00
其他业务成本	23 100.00	
营业外收入		11 400.00
营业外支出	19 600.00	
所得税费用	145 887.50	

（五）江西美华笔业有限公司2019年12月份发生的有关经济业务（根据相关经济业务填制记账凭证）

1. 1日，接受南昌市新华公司货币资金投资800 000元，存入银行，如图6-1和图6-2所示。

中国建设银行 进账单（回单）

2019年12月1日

收款人	全 称	江西美华笔业有限公司	付款人	全 称	南昌市新华公司									
	账 号	9553302020423210		账 号	9553530201098765									
	开户行	南昌建设银行丰源天域分理处		开户行	南昌市工商银行人民路办事处									
金额	人民币（大写）捌拾万元整				亿	千	百	十	万	千	百	十	元	角	分
								¥	8	0	0	0	0	0	0
票据种类	转账支票														
票据张数	1														
单位主管　会计　复核　记账					持票人开户行签章										

图6-1

收款收据

2019年12月1日　　　　　　　　第10号

投资单位：南昌市新华公司		投资日期：2019年12月1日		
投资项目（名称）	原值	评估价值	投资期限	备注
货币资金		800000.00	10年	
投资金额合计（大写）捌拾万元整				¥800000.00
接受单位：江西美华笔业有限公司		负责人：黄静		制单：张婷

图6-2

2. 2日，向江西省汇茂工厂购入笔用塑料4 000.00千克，每千克2.00元，计货款8 000.00元，增值税1 040.00元。材料已入库，开出转账支票支付货款，如图6-3～图6-6所示。

入库单

2019年12月2日　　　　　　　　第21号

类别	编号	名称	规格	单位	数量		金额								附注
					应收	实收	单价	总价							
								十	万	千	百	十	元	角	分
原材料		笔用塑料		千克	4000	4000	2		8	0	0	0	0	0	

会计主管　　　　　仓库主管　　　　　保管员　　　　　验收员 李强　　　制单 梁红

图6-3

中国建设银行
转账支票存根
A 12343222

附加信息 _____
_____
_____

出票日期 2019 年 12 月 2 日

| 收款人：江西省汇茂工厂 |
| 金额：¥9040.00 |
| 用途：购料款 |

单位主管 黄静   会计 张晓红

图 6-4

3200092715　　江西增值税专用发票　　No 005314

开票日期：2019 年 12 月 2 日

购货单位	名　　称	江西美华笔业有限公司	密码区	6877789*&^*(&%45*&^)(*&*(%(6^^#%#@#$@342vkh%43223216+5456132415?×$#@$#!I28$+I51#@$@$+I77@+I103+I129#@Q$@#R#584816#r3w
	纳税人识别号	360106095365484		
	地址、电话	江西省南昌市高新技术开发区金圣路 456 号		
	开户行及账号	南昌建设银行丰源天域分理处 9553302020423210		

货物或应税劳务名称	规格型号	单位	数量	单价	金额	税率	税额
笔用塑料		千克	4000	2	8000.00	13%	1040.00
合　　计					8000.00		1040.00

| 价税合计（大写） | 人民币玖仟零肆拾元整 | （小写）¥9040.00 |

销货单位	名　　称	江西省汇茂工厂	备注
	纳税人识别号	360021345876312	
	地址、电话	南昌市人民东路 489 号	
	开户行及账号	南昌市招行人民路办事处 3632542012109876	

收款人：　　复核：　　开票人：杜子美　　销货单位：（发票专用章）

图 6-5

中国建设银行 进账单（回单）

2019 年 12 月 2 日

收款人	全　称	江西省汇茂工厂	付款人	全　称	江西美华笔业有限公司								
	账　号	3632542012109876		账　号	9553302020423210								
	开户行	南昌市招行人民路办事处		开户行	南昌建设银行丰源天域分理处								
金额	人民币（大写）玖仟零肆拾元整				千	百	十	万	千	百	十	元	角	分
								¥	9	0	4	0	0	0
票据种类	转账支票												
票据张数	1												
单位主管　　会计　　复核　　记账			持票人开户行签章										

图 6-6

3.2日，开出转账支票支付产品广告费5 300元，如图6-7~图6-9所示。

中国建设银行
转账支票存根
A 12343223

附加信息 _____
_____

出票日期 2019年12月2日

收款人：	江西省金辉传媒有限公司
金额：	¥5300.00
用途：	广告费

单位主管 黄静 会计 张晓红

图6-7

中国建设银行 进账单（回单）

2019年12月2日

收款人	全称	江西省金辉传媒有限公司	付款人	全称	江西美华笔业有限公司
	账号	3632542012108575		账号	9553302020423210
	开户行	南昌市洪都大道洪都支行		开户行	南昌建设银行丰源天域分理处
金额	人民币（大写）伍仟叁佰元整			千 百 十 万 千 百 十 元 角 分	
				¥ 5 3 0 0 0 0	
票据种类	转账支票				
票据张数	1				
单位主管 会计 复核 记账			持票人开户行签章		

图6-8

江西省增值税专用发票   No 008963

3200092715

开票日期：2019年12月2日

购货单位	名称	江西美华笔业有限公司
	纳税人识别号	360106095365484
	地址、电话	江西省南昌市高新技术开发区金鹰路456号
	开户行及账号	南昌建设银行丰源天域分理处 9553302020423210

密码区：6877789*&^* (&*45*&^) (*&*(%(6^^#%# @#$@342vkh%43223216+5456132415?>< $#@$#+I28$+I51#@$@$+I77@+I103+I12 9#@$@#R#56481G#r3w

货物或应税劳务名称	规格型号	单位	数量	单价	金额	税率	税额
广告费					5000.00	6%	300.00
合　计					5000.00		300.00

价税合计（大写）人民币伍仟叁佰元整   （小写）¥5300.00

销货单位	名称	江西省金辉传媒有限公司	备注
	纳税人识别号	360021345569785	
	地址、电话	南昌市南京东路489号	
	开户行及账号	南昌市洪都大道洪都支行 3632542012108575	

收款人：   复核：   开票人：黄可   销货单位：（章）

图6-9

4. 2 日，厂部办公室人员王强到外地出差，经领导批准预借差旅费 2 000 元，签发现金支票，如图 6-10 和图 6-11 所示。

借款单

2019 年 12 月 2 日　　　　　　　　第 1 号

单位或名字	办公室
领款事由	预借差旅费
金额	人民币贰仟元整
附注	签发现金支票

核准　　　会计　张晓红　　　出纳　张婷　　　借款人　王强

图 6-10

中国建设银行
现金支票存根
A 123438756

附加信息

出票日期　2019 年 12 月 2 日

收款人：王强
金额：¥2000.00
用途：差旅费

单位主管　黄静　　会计　张晓红

图 6-11

5. 3 日，销售给南昌市商贸有限公司铅笔 800 箱，每箱售价 330 元，计货款 264 000.00 元，增值税 34 320.00 元；圆珠笔 500 箱，每箱售价 350 元，计货款 175 000.00 元，增值税 22 750.00 元。产品发出，货款尚未收到，结转销售成本，如图 6-12 和图 6-13 所示。

图 6-12

出库单

字 2 号

类别	编号	名称	规格	单位	数量		单价	金额 总价								附注
					应发	实发		十	万	千	百	十	元	角	分	
成品		铅笔		箱	800	800	265	2	1	2	0	0	0	0	0	
		圆珠笔		箱	500	500	287	1	4	3	5	0	0	0	0	

会计主管　　　　仓库主管　　　　保管员　　　　经发 李强　　　制单 梁红

图 6-13

6.5 日，开出转账支票购买生产用不需要安装的机器设备一台 260 000.00 元，增值税税额 33 800.00 元，如图 6-14 ～图 6-16 所示。

图 6-14

中国建设银行
转账支票存根
A 12343224

附加信息 _____

_____

出票日期 2019 年 12 月 5 日

收款人：南昌市机械实业有限公司
金额：¥293800.00
用途：设备款

单位主管 黄静　会计 张晓红

图 6-15

中国建设银行 进账单（回单）

2019年12月5日

收款人	全称	南昌市机械实业有限公司	付款人	全称	江西美华笔业有限公司
	账号	3632542089589754		账号	9553302020423210
	开户行	南昌市建行永叔路支行		开户行	南昌建设银行丰源天域分理处

金额	人民币（大写）贰拾玖万叁仟捌佰元整	亿	千	百	十	万	千	百	十	元	角	分
						¥	2	9	3	8	0	0	0

票据种类	转账支票
票据张数	1

单位主管　　会计　　复核　　记账　　　　　　　持票人开户行签章

图 6-16

7. 6日，出纳员签发现金支票提取现金 2 000.00 元备用，如图 6-17 所示。

中国建设银行
现金支票存根
A 123438757

附加信息 _____

出票日期 2019 年 12 月 6 日
收款人：江西美华笔业有限公司
金额：¥2000.00
用途：备用金

单位主管 黄静　会计 张晓红

图 6-17

8. 8日，以现金支付办公用品费 860.00 元，其中生产车间 400.00 元，行政管理部门 460.00 元，如图 6-18 和图 6-19 所示。

江西省国家税务通用机打发票

发票联　　　　　发票代码 125789456987
客户名称：江西美华笔业有　　2019 年 12 月 8 日　　发票号码 15478987

货号	品名及规格	单位	数量	单价	金额
	复印纸	包	20	20.00	400.00
	复写纸	盒	20	10.00	200.00
	水笔	盒	15	15.00	225.00
	胶水	瓶	7	5.00	35.00
金额（大写）捌佰陆拾元整					¥860.00

收款：李可　　　　开票：胡天科

图 6-18

办公用品费用分配表

2019 年 12 月 8 日

部门名称	金额	备注
生产车间	400.00	
行政管理部门用	460.00	
合计	860.00	

制单：张晓红

图 6-19

9. 8 日，收到南昌市伟博工厂上月欠款 30 000.00 元，如图 6-20 所示。

中国建设银行 进账单（回单）

2019 年 12 月 8 日

收款人	全 称	江西美华笔业有限公司	付款人	全 称	南昌市伟博工厂
	账 号	9553302020423210		账 号	9553530201879458
	开户行	南昌建设银行丰源天域分理处		开户行	南昌市工商银行人民路办事处
金额	人民币（大写）叁万元整				¥ 3 0 0 0 0 0 0
票据种类	转账支票				
票据张数	1				
单位主管　　会计　　复核　　记账			持票人开户行签章		

图 6-20

10. 9 日，王强出差回来，报销差旅费 1 940.00 元，交回现金 310.00 元，并结清以前欠款，如图 6-21 和图 6-22 所示。

出差旅费报销单

报销日期：2019-12-9

部 门	办公室	出差人	王强	出差事由	购货

出 发			到 达			交通工具	单据张数	车船费	住宿费			其他费用	
月	日	时	地点	月	日	时	地点				人数	天数	金额	项目	金额

略

现金收讫

| 合 计 | | | | | | | | | | | |

| 报销总额 | 人民币（大写） | 壹仟玖佰肆拾元整 | ¥1940.00 | 退回金额 | ¥310.00 |

主管　黄静　　　审核　张晓红　　　报销人　王强

图 6-21

收 款 收 据

2019年12月 日　　　　NO：043253

今收到　王强

交来：差旅费余款

金额（大写）叁佰壹拾元整

¥310.00　☑现金　□支票　□信用卡　□其他

（现金收讫）

（江西美华笔业有限公司 财务专用章）

核准　　会计　　记账　　出纳（张杨）　　经手人（王强）

图 6-22

11.10 日，以银行存款缴纳上月增值税 87 000.00 元，城建税 6 090.00 元，教育费附加 2 610.00 元，如图 6-23 和图 6-24 所示。

中华人民共和国
税收电子转账专用完税凭证　（112）赣国证 03254875

填发日期 2019 年 12 月 10 日

纳税人代码	360106095365484	收款机关	南昌高新区国家税务局
纳税人全称	江西美华笔业有限公司	银行账号	9553302020423210
税（费）种	税款所属期间		实缴金额
增值税	2019年11月1日－2019年11月30日		87000.00
金额合计	（大写）捌万柒仟元整		小写：¥87000.00
（江西省国税税务机关征税专用章 3）	收款银行（邮局）（盖章）	经手人（杜蒲）（盖章）	备注

此凭证仅作纳税人完税凭证 此外无效

电脑打印 手工无效

图 6-23

中华民共和国
税收电子转账专用完税凭证

填发日期 2019 年 12 月 10 日　　（112）赣地证　01255488

纳税人代码	360106095365484	收款机关	南昌高新区地方税务局
纳税人全称	江西美华笔业有限公司	银行账号	9553302020423210
税（费）种	税款所属期间		实缴金额
城建税	2019 年 11 月 1 日—2019 年 11 月 30 日		6090.00
教育费附加	2019 年 11 月 1 日—2019 年 11 月 30 日		2610.00
金额合计	（大写）捌仟柒佰元整		小写：¥8700.00
税务机关（盖章）	收款银行（邮局）（盖章）	经手人 杨佳（盖章）	备注

此凭证仅作纳税人完税凭证　此外无效

电脑打印　手工无效

图 6-24

12. 12 日，收到南昌市商贸有限公司本月 3 日购货款 496 070.00 元，如图 6-25 所示。

中国建设银行　进账单（回单）
2019 年 12 月 12 日

收款人	全称	江西美华笔业有限公司	付款人	全称	南昌市商贸有限公司
	账号	9553302020423210		账号	9553530201456896
	开户行	南昌建设银行丰源天域分理处		开户行	南昌市建行洪都大道洪都支行
金额	人民币（大写）肆拾玖万陆仟零柒拾元整		千	百	十	万	千	百	十	元	角	分
					4	9	6	0	7	0	0	0
票据种类	转账支票											
票据张数	1											
单位主管　　会计　　复核　　记账			持票人开户行签章									

图 6-25

13. 13 日，开出转账支票偿付南昌东风工厂到期的商业汇票 160 000.00 元，如图 6-26 和图 6-27 所示。

中国建设银行
转账支票存根
A 12343225

附加信息 _____
_____

出票日期 2019 年 12 月 13 日

| 收款人：南昌东风工厂 |
| 金额：¥160000.00 |
| 用途：购料款 |

单位主管 黄静　会计 张晓红

图 6-26

中国建设银行　进账单（回单）

2019 年 12 月 13 日

收款人	全称	南昌东风工厂	付款人	全称	江西美华笔业有限公司
	账号	955569874569758		账号	9553302020423210
	开户行	南昌建设银行洪都支行		开户行	南昌建设银行丰源天域分理处
金额	人民币（大写）壹拾陆万元整		亿	千	百	十	万	千	百	十	元	角	分
			¥			1	6	0	0	0	0	0	0
票据种类	转账支票											
票据张数	1											
单位主管　会计　复核　记账			持票人开户行签章									

图 6-27

14. 19 日，开出转账支票，归还短期借款 80 000.00 元，如图 6-28 和图 6-29 所示。

中国建设银行
转账支票存根
A 12343226

附加信息 _____
_____

出票日期 2019 年 12 月 19 日

| 收款人：南昌建设银行丰源天域分理处 |
| 金额：¥80000.00 |
| 用途：还款 |

单位主管 黄静　会计 张晓红

图 6-28

中国建设银行 进账单（回单）

2019年12月19日

收款人	全称	南昌建设银行丰源天域分理处	付款人	全称	江西美华笔业有限公司
	账号	955569874536125		账号	9553302020423210
	开户行	南昌建设银行丰源天域分理处		开户行	南昌建设银行丰源天域分理处

金额	人民币（大写）捌万元整	千	百	十	万	千	百	十	元	角	分
					¥	8	0	0	0	0	0

票据种类	转账支票
票据张数	1

单位主管　　会计　　复核　　记账　　　　　　　　持票人开户行签章

图 6-29

15. 23 日，银行托收生产车间水电费 6 442.00 元，如图 6-30～图 6-33 所示。

江西省南昌市电费统一发票

客户名称：江西美华笔业有限公司　　　　　2019年12月5日

名称	上月表数	本月表数	实际用量	单价	金额						备注
					千	百	十	元	角	分	
工业用电	5854	7654	1800	2.00	3	6	0	0	0	0	

合计人民币（大写）叁仟陆佰元整　　　　　　¥3 600.00

开票人：洪期　　收款人：许欣　　抄表人：何琪　　开票单位（开票单位）：

图 6-30

江西省南昌市水费统一发票

客户名称：江西美华笔业有限公司　　　　　2019年12月13日

本月表数	上月表数	实际水量	单位	单价	金额						备注
					千	百	十	元	角	分	
3156	2344	812	吨	3.50	2	8	4	2	0	0	

合计人民币（大写）贰仟捌佰肆拾贰元整　　　　　　¥2 842.00

开票人：秦欢　　收款人：何田　　抄表人：黄亮可　　开票单位（开票单位）：

图 6-31

水费发票

委邮				委托日期：2019年12月23日			委托号码：第 02424 号									
付款人	全 称	江西美华笔业有限公司			收款人	全 称	南昌市自来水公司									
	账 号	9553302020423210				账 号	3632534566345145									
	开户银行	南昌建设银行丰源天域分理处				开户银行	南昌市工行船山路支行									
委托金额	人民币（大写）贰仟捌佰肆拾贰元整							十	万	千	百	十	元	角	分	
							¥			2	8	4	2	0	0	
款项内容		水费		委托收款凭证名称		水费专用发票		附寄证张数				1				
备注				上列款项： 1.已全部划回收入你方账户。 2.已收回部分款项收入你方账户。 3.全部未收到。												

图 6-32

电费发票

委邮				委托日期：2019年12月23日			委托号码：第 02425 号									
付款人	全 称	江西美华笔业有限公司			收款人	全 称	南昌市供电公司									
	账 号	9553302020423210				账 号	3623345653224									
	开户银行	南昌建设银行丰源天域分理处				开户银行	市工行解放路支行									
委托金额	人民币（大写）叁仟陆佰元整							十	万	千	百	十	元	角	分	
							¥			3	6	0	0	0	0	
款项内容		电费		委托收款凭证名称		电费专用发票		附寄证件张数				1				
备注				上列款项： 1.已全部划回收入你方账户。 2.已收回部分款项收入你方账户。 3.全部未收到。												

图 6-33

16.25日，月末财产清理发现笔用塑料盘盈28千克，计56.00元，圆珠笔品盘亏1箱，计287.00元，待批准处理。经批准，盘盈笔用塑料直接冲销管理费用，盘亏圆珠笔为被盗，该损失由责任人何丽赔偿20%，其余做营业外支出处理，如图6-34和图6-35所示。

财产盘盈盘亏报告单

部门：仓库　　　　　　　　2019年12月25日　　　　　　　　第 24 号

财产名称	单位	盘盈			财产名称	单位	盘亏			原因
		数量	单价	金额			数量	单价	金额	
笔用塑料	千克	28	2元	56元	圆珠笔	箱	1	287元	287元	待查

主管：黄静　　　　　　　　　　　　　　　　　　　　　　制单：张晓红

图 6-34

江西美华笔业有限公司文件

（2019）第 14 号

  本公司月末盘点发现笔用塑料盘盈 28 千克，计 56.00 元，圆珠笔品盘盈 1 箱，计 287.00 元。经核查，原因已明确并进行处理。笔用塑料直接冲销管理费用，盘亏圆珠笔为被盗，该损失由责任人何丽赔偿 20%，其余做营业外支出处理。

江西美华笔业有限公司
2019 年 12 月 28 日

图 6-35

  17. 30 日，为生产铅笔领用其他材料 40 千克，单位成本 10.00 元；木材 10 捆，单位成本 120.00 元。为生产圆珠笔领用笔用塑料 1 600 千克，单位成本 2.00 元；笔用金属 1 800 千克，单位成本 3.00 元，如图 6-36 所示。

领 料 单

领料部门：生产部门   2019 年 12 月 30 日   字第 47 号

材料编号	材料名称	规格	单位	请领数量	实发数量	计划价格 单价	计划价格 金额
	其他材料		千克	40	40	10	400.00
	木材		捆	10	10	120	1200.00
	笔用塑料		千克	1600	1600	2	3200.00
	笔用金属		千克	1800	1800	3	5400.00

用途	生产用	领料部门 负责人	领料部门 领料人	发料部门 核准人	发料部门 发料人
		梁 红	李 强	崔 华	李 晓

第一联：仓库（白色）； 第二联：记账（绿色）； 第三联：领料部门（红色）

图 6-36

  18. 31 日，按规定计提本月固定资产折旧 18 600 元。其中，生产用固定资产折旧 12 000 元，管理部门用固定资产折旧 6 600 元，如图 6-37 所示。

固定资产折旧计算表

2019 年 12 月 31 日

固定资产类别	上月计提 原值	上月计提 折旧	上月增加 原值	上月增加 折旧	上月减少 原值	上月减少 折旧	本月计提 原值	本月计提 折旧
生产用	3594000	12000						12000
管理部门用	878000	6600						6600
合计	4472000	18600						18600

会计主管   制单 张晓红

图 6-37

19. 31日,计提本月应摊销的短期借款利息1 800.00元,如图6-38所示。

银行借款利息计算表

2019年12月31日

借款种类	计息积数	利率	本月应计利息	备注
短期借款			1800.00	
合计			1800.00	

主管: 制单 张晓红

图 6-38

20. 31日,计算结转本月职工工资36 800.00元,其中,生产铅笔工人9 800.00元,生产圆珠笔品工人工资13 600.00元,车间管理人员工资6 800.00元,行政管理人员6 600.00元,如图6-39和图6-40所示。

工资结算汇总表

2019年12月31日

车间部门	人员类别	应付工资			实发工资
		计时工资	计件工资	应付工资	
基本生产车间	铅笔	略	略	9 800.00	9 800.00
	圆珠笔	略	略	13 600.00	13 600.00
	管理人员	略	略	6 800.00	6 800.00
行政管理部门				6 600.00	6 600.00
合计				36 800.00	36 800.00

主管 制单 张晓红

图 6-39

工资分配计算表

2019年12月31日

科目	批次/产品	金额
生产成本——铅笔		9 800.00
生产成本——圆珠笔		13 600.00
制造费用		6 800.00
管理费用		6 600.00
合计		36 800.00

主管 会计 张晓红

图 6-40

21. 31 日，将本月发生的制造费用按生产工时比例分配转入铅笔、圆珠笔品制造成本，铅笔 200 小时，圆珠笔 220 小时，如图 6-41 所示。

制造费用分配表
2019 年 12 月 31 日

产品名称	分配标准	分配率	分配金额
铅笔			
圆珠笔			
合计			

会计主管　　　　　　　　　　　　　　　　　　　　制单

图 6-41

22. 31 日，计算结转本月完工产品成本铅笔 90 箱，圆珠笔 124 箱（假设产品全部完工），如图 6-42 和图 6-43 所示。

产品成本计算单
2019 年 12 月 31 日

产品名称：铅笔　　　　　　　　　　　　　　　完工产品数量：

项目	直接材料	直接人工	制造费用	合计
期初在产品				
本月发生额				
合计				
完工产品成本				
期末在产品成本				
单位成本				

会计主管　　　　　　　　　　　　　　　　　　　　制单

图 6-42

产品成本计算单
2019 年 12 月 31 日

产品名称：圆珠笔　　　　　　　　　　　　　　完工产品数量：

项目	直接材料	直接人工	制造费用	合计
期初在产品				
本月发生额				
合计				
完工产品成本				
期末在产品成本				
单位成本				

会计主管　　　　　　　　　　　　　　　　　　　　制单

图 6-43

23. 31日，月末将各个损益类账户余额转入本年利润账户。

24. 31日，按本月实现利润的25%计算应交所得税并结转，如图6-44所示。

应交所得税计算表

2019年12月31日　　　　　　　　　　　　单位：元

本月会计利润	纳税调整	应纳税所得额	税率	税额
			25%	

会计主管　　　　　　　　　　　　　　　　制单

图6-44

25. 31日，将全年净利润转入"利润分配"账户。

26. 31日，按全年净利润的10%提取法定盈余公积，按全年净利润的15%提取任意盈余公积，如图6-45所示。

盈余公积计算表

2019年12月31日　　　　　　　　　　　　单位：元

项目	本年净利润	计提比例	金额	备注

会计主管　　　　　　　　　　　　　　　　制单

图6-45

27. 31日，按全年净利润的20%计算应付投资者利润，如图6-46所示。

投资者利润计算表

2019年12月31日　　　　　　　　　　　　单位：元

本年净利润	计提比例	金额	备注
	20%		

会计主管　　　　　　　　　　　　　　　　制单

图6-46

28. 31日，将"利润分配"账户的明细账户除"未分配利润"账户外，其余账户结转为零。

（六）根据记账凭证登记各种日记账

（七）登记各种明细分类账

（八）根据记账凭证编制科目汇总表

（九）根据科目汇总表登记总账

（十）根据总分类账和明细分类账的记录，编制会计报表

资产负债表和利润表分别见表6-10和表6-11。

表6-10 资产负债表

会企01表

编制单位： 　　　　　　　　　　年　月　日　　　　　　　　　　单位：元

资产	期末余额	年初余额	负债和所有者权益（或股东权益）	期末余额	年初余额
流动资产：			流动负债：		
货币资金			短期借款		
以公允价值计量且其变动计入当期损益的金融资产			以公允价值计量且其变动计入当期损益的金融负债		
衍生金融资产			衍生金融负债		
应收票据			应付票据		
应收账款			应付账款		
预付款项			预收款项		
其他应收款			应付职工薪酬		
存货			应交税费		
持有待售资产			其他应付款		
一年内到期的非流动资产			持有待售负债		
其他流动资产			一年内到期的非流动负债		
流动资产合计			其他流动负债		
非流动资产：			流动负债合计		
可供出售金融资产			非流动负债：		
持有至到期投资			长期借款		
长期应收款			应付债券		
长期股权投资			其中：优先股		
投资性房地产			永续债		
固定资产			长期应付款		
在建工程			预计负债		
生产性生物资产			递延收益		
油气资产			递延所得税负债		
无形资产			其他非流动负债		
开发支出			非流动负债合计		
商誉			负债合计		
长期待摊费用			所有者权益（或股东权益）：		
递延所得税资产			实收资本（或股本）		

续表

资　产	期末余额	年初余额	负债和所有者权益（或股东权益）	期末余额	年初余额
其他非流动资产			其他权益工具		
非流动资产合计			其中：优先股		
			永续债		
			资本公积		
			减：库存股		
			其他综合收益		
			专项储备		
			盈余公积		
			未分配利润		
			所有者权益（或股东权益）合计		
资产总计			负债和所有者权益（或股东权益）总计		

表 6-11　利润表

会企02表

编制单位：　　　　　　　　　　年度　　　　　　　　　　单位：元

项　目	本期金额	上期金额
一、营业收入		
减：营业成本		
税金及附加		
销售费用		
管理费用		
研发费用		
财务费用		
其中：利息费用		
利息收入		
加：其他收益		
投资收益（损失以"-"号填列）		
其中：对联营企业和合营企业的投资收益		
公允价值变动收益（损失以"-"号填列）		
资产减值损失（损失以"-"号填列）		
资产处置收益（损失以"-"号填列）		

续表

项　　目	本期金额	上期金额
二、营业利润（亏损以"－"号填列）		
加：营业外收入		
减：营业外支出		
三、利润总额（亏损总额以"－"号填列）		
减：所得税费用		
四、净利润（净亏损以"－"号填列）		
（一）持续经营净利润（净亏损以"－"号填列）		
（二）终止经营净利润（净亏损以"－"号填列）		
五、其他综合收益的税后净额		
（一）不能重分类进损益的其他综合收益		
1. 重新计量设定受益计划变动额		
2. 权益法下不能转损益的其他综合收益		
……		
（二）将重分类进损益的其他综合收益		
1. 权益法下可转损益的其他综合收益		
2. 可供出售金融资产公允价值变动损益		
3. 持有至到期投资重分类为可供出售金融资产损益		
4. 现金流量套期损益的有效部分		
5. 外币财务报表折算差额		
……		
六、综合收益总额		
七、每股收益：		
（一）基本每股收益		
（二）稀释每股收益		

四、测一测：初级会计资格考试练习题

练习题一

（一）单项选择题（每题1分，共20分）

1. 企业固定资产可以按照其价值和使用情况，确定采用某一方法计提折旧，它所依据的会计前提是（　　）。

　　A. 会计主体　　　　B. 持续经营　　　　C. 会计分期　　　　D. 货币计量

2. 下列表述中，属于会计核算特点的是（　　）。

A. 具有可靠性、相关性和可理解性　　　B. 具有可比性、一致性和时效性
C. 具有完整性、连续性和系统性　　　　D. 具有谨慎性、及时性和重要性

3. 假设某公司期初资产总额为 540 万元，期末资产总额为 870 万元，有可能发生的业务是（　　）。
A. 预收某公司货款 330 万元　　　　　B. 用银行存款 330 万元购买材料
C. 将现金 330 万元存入银行　　　　　D. 用银行存款偿还借款 330 万元

4. 下列账户中，属于流动资产账户的是（　　）。
A. 固定资产　　　B. 长期应收款　　　C. 在建工程　　　D. 库存现金

5. 某账户期末余额为 147 600 元，本期增加发生额有三笔，分别为 12 199 元、4 503 元、158 元，期初余额为 377 698 元，则该账户的本期减少发生额为（　　）元。
A. 542 158　　　B. 246 958　　　C. 508 438　　　D. 517 444

6. 下列各账户，年末应无余额的是（　　）。
A. 生产成本　　　B. 所得税费用　　　C. 盈余公积　　　D. 应交税费

7. 下列各观点中，正确的是（　　）。
A. 从某个会计分录看，其借方账户与贷方之间互为对应账户
B. 从某个企业看，其全部借方账户与全部贷方账户之间互为对应账户
C. 试算平衡的目的是查看企业的全部账户的借贷方金额合计是否相等
D. 复合会计分录是指同时存在 2 个以上借方账户和 2 个以上贷方账户的会计分录

8. 将现金送存银行，应编制（　　）凭证。
A. 现金收款　　　B. 现金付款　　　C. 银行收款　　　D. 银行转账

9. 某企业购买材料一批，买价 3 000 元，增值税进项税额为 390 元，运杂费 200 元，开出商业汇票支付，但材料尚未收到，应贷记（　　）科目。
A. 原材料　　　B. 材料采购　　　C. 银行存款　　　D. 应付票据

10. 下列不通过制造费用核算的是（　　）。
A. 生产用设备的日常修理费用　　　　B. 车间的折旧费
C. 车间的办公费　　　　　　　　　　D. 车间的机物料消耗

11. 结转产品销售成本时，应借记（　　）科目。
A. 主营业务成本　　B. 生产成本　　C. 库存商品　　D. 主营业务收入

12. 下列不能作为原始凭证核算的是（　　）。
A. 差旅费报销单　　　　　　　　　　B. 领料单
C. 银行存款余额调节表　　　　　　　D. 现金盘点报告表

13. 从银行提取现金登记库存现金日记账的依据是（　　）。
A. 库存现金收款凭证　　　　　　　　B. 银行存款收款凭证
C. 库存现金付款凭证　　　　　　　　D. 银行存款付款凭证

14. 根据明细分类账的登记方法，下列明细账中应该逐日逐笔登记的是（　　）。
A. 收入明细账　　　　　　　　　　　B. 材料明细账
C. 固定资产明细账　　　　　　　　　D. 费用明细账

15. 在下列有关账项核对中，不属于账账核对的内容是（　　）。
A. 银行存款日记账余额与银行对账单余额的核对

B. 银行存款日记账余额与其总账余额的核对
C. 总账账户借方发生额合计与其明细账借方发生额合计的核对
D. 总账账户贷方余额与其明细账贷方余额合计的核对

16. 如果会计凭证中会计科目错误，并据以登记入账，则正确的更正方法是（ ）。
   A. 划线更正   B. 红字更正法
   C. 补充登记法   D. 涂改或挖补法

17. 库存现金清查中对无法查明原因的长款，经批准应记入（ ）。
   A. 其他应收款   B. 其他应付款
   C. 营业外收入   D. 管理费用

18. 下列关于财产物资盘亏的各项中，正确的是（ ）。
   A. 实存数大于账存数   B. 实存数小于账存数
   C. 实存数等于账存数   D. 由于记账差错少记的金额

19. 账户式资产负债表分为左右两方，其中左方为（ ）。
   A. 资产项目，按资产的流动性大小顺序排列
   B. 资产项目，按资产的流动性由小到大顺序排列
   C. 负债及所有者权益项目，一般按求偿权先后顺序
   D. 负债及所有者权益项目，按短期负债、长期负债、所有者权益顺序排列

20. 下列各项中，作为资产负债表中资产排列顺序依据的是（ ）。
   A. 资产的收益性   B. 资产的重要性
   C. 资产的流动性   D. 资产的时间性

（二）多项选择题（每题2分，共30分）

1. 下列关于会计特征的表述中，正确的有（ ）。
   A. 会计是一种经济管理活动   B. 会计是一个经济信息系统
   C. 会计采用一系列专门的方法   D. 会计以货币作为主要计量单位

2. 下列企业内部部门中，可以作为一个会计主体单独进行核算的有（ ）。
   A. 分公司   B. 营业部   C. 生产车间   D. 事业部

3. 下列属于资产要素的项目有（ ）。
   A. 无形资产   B. 材料采购   C. 预收账款   D. 预付账款

4. 下列各项经济业务中，能引起会计等式左右两边会计要素同时变动的有（ ）。
   A. 收到某单位前欠货款存入银行
   B. 以银行存款偿还银行借款
   C. 收到某单位投入机器设备一台
   D. 以银行存款购买材料（不考虑增值税）

5. 下列各项中，属于营业成本的有（ ）。
   A. 主营业务成本 B. 其他业务成本 C. 营业外成本   D. 产品成本

6. 关于借贷记账法，下列说法正确的是（ ）。
   A. 有借必有贷   B. 借贷必相等   C. 只可一借一贷   D. 可一借多贷

7. 某企业2019年损益类账户期末结账的余额如下：主营业务收入50 000元（贷）、主营业务成本20 000元（借）、税金及附加3 000元（借）、销售费用2 000元（借）、其他业

务收入 10 000 元（贷）、其他业务成本 5 000 元（借）、所得税费用 5 000 元（借）。年末结转各损益类账户应编制的分录有（　　）。

A. 借：主营业务收入　　　　　　　　　　　　　　　　50 000
　　　其他业务收入　　　　　　　　　　　　　　　　10 000
　　贷：本年利润　　　　　　　　　　　　　　　　　25 000
　　　　主营业务成本　　　　　　　　　　　　　　　20 000
　　　　税金及附加　　　　　　　　　　　　　　　　3 000
　　　　销售费用　　　　　　　　　　　　　　　　　2 000
　　　　其他业务成本　　　　　　　　　　　　　　　5 000
　　　　所得税费用　　　　　　　　　　　　　　　　5 000
B. 借：主营业务收入　　　　　　　　　　　　　　　　50 000
　　　其他业务收入　　　　　　　　　　　　　　　　10 000
　　贷：本年利润　　　　　　　　　　　　　　　　　60 000
C. 借：本年利润　　　　　　　　　　　　　　　　　　35 000
　　贷：主营业务成本　　　　　　　　　　　　　　　20 000
　　　　税金及附加　　　　　　　　　　　　　　　　3 000
　　　　销售费用　　　　　　　　　　　　　　　　　2 000
　　　　其他业务成本　　　　　　　　　　　　　　　5 000
　　　　所得税费用　　　　　　　　　　　　　　　　5 000
D. 借：本年利润　　　　　　　　　　　　　　　　　　60 000
　　贷：主营业务收入　　　　　　　　　　　　　　　50 000
　　　　其他业务收入　　　　　　　　　　　　　　　10 000

8. 下列各项中，属于按照投资主体不同划分的投入资本金有（　　）。
　A. 国家资本金　　　B. 法人资本金　　　C. 个人资本金　　　D. 外商资本金
9. 下列各项中，应作为期间费用核算的有（　　）。
　A. 生产工人薪酬　　　　　　　　　　B. 生产设备的折旧费
　C. 销售产品的广告费　　　　　　　　D. 行政管理人员薪酬
10. 下列各类账户期末若有余额，其余额一般在借方的有（　　）。
　A. 资产类账户　　　B. 负债类账户　　　C. 成本类账户　　　D. 收入类账户
11. 原始凭证的合法性审核的内容包括（　　）。
　A. 是否符合国家有关政策、法规和制度等规定
　B. 是否符合规定的审核权限
　C. 是否符合规定的审核程序
　D. 有无财务主管核准签章
12. 下列经济业务应编制收款凭证的是（　　）。
　A. 从银行提取现金 3 000 元备用
　B. 将现金 50 000 元存入银行
　C. 销售产品 35 100 元货款存入银行
　D. 收回甲单位前欠货款 20 000 元

13. 下列各项反映账页内容的有（　　）。
   A. 记账人员签字　　　　　　　　　B. 登记账簿的日期
   C. 账户名称　　　　　　　　　　　D. 总页次和分户页次
14. 下列需要划双红线的有（　　）。
   A. 在"本月合计"的下面
   B. 在"本年累计"的下面
   C. 在12月末的"本年累计"的下面
   D. 在"本年合计"下面
15. 下列各项中，属于登记明细分类账时应注意事项的有（　　）。
   A. 固定资产明细账应逐日逐笔登记
   B. 债权、债务明细账应逐日逐笔登记
   C. 库存商品、原材料、产成品收发明细账可逐笔登记，也可定期汇总登记
   D. 收入、费用明细账可逐笔登记，也可定期汇总登记

(三) 判断题（每题1分，共10分）

1. 为了了解每一个单位的财务状况、经营成果和现金流量，要求必须对核算单位做出人为的限制和规定，这就形成了会计主体假设。　　　　　　　　　　（　　）
2. 收付实现制是以收到或支付的现金作为确认收入和费用的依据。　　（　　）
3. 本月收到上月销售产品的货款存入银行，权责发生制下，不能作为本月的收入。（　　）
4. 债务是企业承担的需要偿付的现时义务。　　　　　　　　　　　　（　　）
5. 企业将闲置不用的五间办公室临时租给其他单位使用，这五间办公室是企业的资产。
　　　　　　　　　　　　　　　　　　　　　　　　　　　　　　　　（　　）
6. 会计账户是以会计科目为名称的，两者反映的内容是一致的。　　　（　　）
7. 凡是借方余额的账户，均属于资产类账户。　　　　　　　　　　　（　　）
8. 财务费用年末结转后无余额。　　　　　　　　　　　　　　　　　（　　）
9. 在所有的账户中，左边均登记增加额，右方均登记减少额。　　　　（　　）
10. 预付账款属于企业的资产，核算的是企业销售货物预先收到的款项。（　　）

(四) 业务题（每题20分，共40分）

1. 鑫益公司2019年12月最后三天的银行存款日记账和银行对账单的有关记录见表6-12和表6-13。

表6-12　鑫益公司银行存款日记账的记录

日　　期	摘　　要	金　　额
12月29日	因销售商品收到98#转账支票一张	15 000
12月29日	开出78#现金支票一张	1 000
12月30日	收到A公司交来的355#转账支票一张	3 800
12月30日	开出105#转账支票以支付贷款	11 700
12月31日	开出106#转账支票支付明年报刊订阅费	500
	月末余额	153 200

表6-13　鑫益公司银行对账单的有关记录

日　　期	摘　　要	金　　额
12月29日	支付78#现金支票	1 000
12月29日	收到98#转账支票	15 000
12月30日	收到托收的货款	25 000
12月30日	支付105#转账支票	11 700
12月31日	结转银行结算手续费	100
	月末余额	174 800

要求：代鑫益公司完成表6-14所示错账更正后的银行存款余额调节表的编制。

表6-14　银行存款余额调节表

编制单位：鑫益公司　　　　2019年12月31日　　　　　　　　　　单位：元

项　目	金　额	项　目	金　额
企业银行存款日记账余额		银行对账单余额	
加：银行已收企业未收的款项合计	(1)	企业已收，银行未收	(3)
减：银行已付企业未付的款项合计	(2)	企业已付，银行未付	(4)
调节后余额		调节后余额	(5)

2. 某公司为制造企业，增值税一般纳税人，原材料核算采用实际成本法，2019年7月初A产品在产品成本为10 000元。7月份发生下列交易或事项：（1）本月生产车间领用X材料63 420元，Y材料44 910元，用于生产A、B产品，并以A、B产品的完工产品数量为标准分配计入A、B成本，本月A产品完工200件，B产品完工300件。（2）本月生产A产品的生产工人工资为26 200元。（3）本月生产车间计提固定资产折旧费24 000元。（4）本月分配至A产品的制造费用为69 410元，A产品月末在产品100件，在产品成本为18 000元。

要求根据上述资料进行下列计算分析：

（1）编制业务（2）所述交易或事项的会计分录。

（2）编制业务（3）所述交易或事项的会计分录。

（3）编制业务（4）所述交易或事项的会计分录。

（4）本月A产品的完工产品总成本为（　　　）元。

（5）7月末A产品在资产负债表"存货"项目中的计列金额为（　　　）元。

（该题不要求设置明细）

练习题二

（一）单项选择题（每题1分，共20分）

1. 会计分期是建立在（　　）基础上的。

A. 会计主体　　　　　　　　　　　　B. 权责发生制原则

C. 持续经营 D. 货币计量

2. 我国企业会计准则规定，企业的会计核算应当以（　　）为基础。
A. 权责发生制　　　B. 实地盘存制　　　C. 永续盘存制　　　D. 收付实现制

3. 明晰企业产权关系的重要标志是（　　）。
A. 资产　　　　　　B. 资本　　　　　　C. 借款额　　　　　D. 利润

4. 流动资产指可以在（　　）变现的资产。
A. 1年内
B. 一个营业周期内
C. 一定会计期间内
D. 1年内或超过1年的一个营业周期内

5. 下列各项中，表述正确的是（　　）。
A. "生产成本"和"制造费用"都是反映劳务成本的科目
B. "生产成本"和"劳务成本"都是反映劳务成本的科目
C. "生产成本"和"制造费用"都是反映制造成本的科目
D. "制造费用"和"劳务成本"都是反映制造成本的科目

6. 根据资产与权益的恒等关系以及借贷记账法的记账规则，检查所有科目记录是否正确的过程称为（　　）。
A. 复式记账　　　　B. 对账　　　　　　C. 试算平衡　　　　D. 查账

7. 下列经济业务会引起负债减少的是（　　）。
A. 购入材料，款项未付
B. 从银行提取现金备发工资
C. 以银行存款上交增值税
D. 从银行借入一年期的借款

8. 企业购买一台无须安装的设备，买价100万元，增值税13万元，运杂费3万元，款项以银行存款支付，则固定资产的入账价值为（　　）万元。
A. 100　　　　　　B. 103　　　　　　C. 113　　　　　　D. 116

9. 某企业月初资产总计为90 000元，负债72 000元，则所有者权益为（　　）元。
A. 90 000　　　　　B. 18 000　　　　　C. 72 000　　　　　D. 162 000

10. 某企业库存商品期末比期初增加4 000元，本期完工入库的库存商品为7 000元。则本期"库存商品"账户的贷方发生额应为（　　）元。
A. 3 000　　　　　　B. 11 000　　　　　C. 4 000　　　　　D. 7 000

11. 通过试算平衡能够发现的错误是（　　）。
A. 重记经济业务　　B. 漏记经济业务　　C. 借贷方向相反　　D. 借贷金额不等

12. 原始凭证和记账凭证的保管期限为（　　）年。
A. 15　　　　　　　B. 25　　　　　　　C. 30　　　　　　　D. 10

13. （　　）是记录经济业务，明确经济责任，作为登账依据的书面证明。
A. 会计要素　　　　B. 会计账户　　　　C. 会计凭证　　　　D. 会计报表

14. 日记账的最大特点是（　　）。
A. 按现金和银行存款分别设置账户
B. 可以提供现金和银行存款的每日发生额
C. 可以提供现金和银行存款的每日静态、动态资料

D. 逐日逐笔顺序登记并随时结出当日余额

15. 下列各种方法中，适用于记账后发现账簿错误是由于记账凭证中会计科目运用错误引起的情况的是（　　）。

　　A. 划线更正法　　B. 红字更正法　　C. 补充登记法　　D. 平行登记法

16. 甲企业为一家大型商业流通企业，主要经销家电产品，其账务处理使用汇总记账凭证账务处理程序。下列各项中，属于甲企业月末登记总账依据的是（　　）。

　　A. 原始凭证　　　　　　　　　　　　B. 原始凭证汇总表
　　C. 记账凭证　　　　　　　　　　　　D. 汇总记账凭证

17. 下列各项对财产清查的表述中，不正确的是（　　）。

　　A. 对于债权和债务，应每月至少核对一次
　　B. 现金应由出纳人员在每日业务终了时清点
　　C. 对于银行存款和银行借款，应由出纳人员每月同银行核对一次
　　D. 对于材料、在产品和产成品除年度清查外，应有计划地每月重点抽查，对于贵重物品，应每月清查盘点一次

18. 下列项目中，不属于期间费用的是（　　）。

　　A. 制造费用　　B. 管理费用　　C. 财务费用　　D. 销售费用

19. 在下列项目中，不属于资产负债表项目的是（　　）。

　　A. 实收资本　　B. 原材料　　C. 固定资产　　D. 货币资金

20. 资产负债表是反映企业某一特定日期（　　）的会计报表。

　　A. 权益变动情况　　　　　　　　　　B. 财务状况
　　C. 经营成果　　　　　　　　　　　　D. 现金流量

（二）多项选择题（每题 2 分，共 30 分）

1. 企业的生产经营活动通常包括供应、生产和销售三个阶段，下列各项中，属于供应过程的有（　　）。

　　A. 建造厂房　　B. 购买设备　　C. 购买原材料　　D. 购买生产线

2. 下列各项中，属于会计核算基本假设的有（　　）。

　　A. 会计主体假设　　B. 持续经营假设　　C. 会计分期假设　　D. 货币计量假设

3. 根据会计等式可知，下列经济业务不会发生的有（　　）。

　　A. 资产增加，负债减少，所有者权益不变
　　B. 资产不变，负债增加，所有者权益增加
　　C. 资产有增有减，权益不变
　　D. 债权人权益增加，所有者权益减少，资产不变

4. 下列等式，属于正确的会计等式的有（　　）。

　　A. 资产 = 负债 + 所有者权益　　　　B. 收入 - 费用 = 利润
　　C. 资产 - 负债 = 所有者权益　　　　D. 收入 + 费用 = 利润

5. 在下列描述中，正确的有（　　）。

　　A. 总分类科目对明细科目具有统驭和控制作用
　　B. 总分类科目和明细科目都是财政部统一制定的
　　C. 总分类科目提供的是总括信息

D. 明细科目提供的是详细信息
6. 下列选项中，不影响试算平衡的有（　　）。
   A. 借贷方向颠倒　　　　　　　　　　B. 借贷科目用错
   C. 漏记某项经济业务　　　　　　　　D. 重记某项经济业务
7. 下列账户中，属于负债类账户的有（　　）。
   A. "应付账款"　　B. "预收账款"　　C. "预付账款"　　D. "本年利润"
8. 甲公司为增值税一般纳税人。2019年12月12日，与乙公司签订材料采购合同，并按约定预付货款200 000元。12月28日，甲公司收到乙公司发来的材料，取得的增值税专用发票上记载的价款为300 000元，增值税额为39 000元，甲公司当即以银行存款补付货款。对于上述业务，甲公司应编制的会计分录有（　　）。
   A. 借：预付账款　　　　　　　　　　　　　　　　200 000
         贷：银行存款　　　　　　　　　　　　　　　　　　200 000
   B. 借：原材料　　　　　　　　　　　　　　　　　300 000
         应交税费——应交增值税（进项税额）　　　　39 000
         贷：预付账款　　　　　　　　　　　　　　　　　　339 000
   C. 借：原材料　　　　　　　　　　　　　　　　　300 000
         应交税费——应交增值税（进项税额）　　　　39 000
         贷：预付账款　　　　　　　　　　　　　　　　　　200 000
             应付账款　　　　　　　　　　　　　　　　　　139 000
   D. 借：预付账款　　　　　　　　　　　　　　　　139 000
         贷：银行存款　　　　　　　　　　　　　　　　　　139 000
9. 借贷记账法下，账户的借方登记（　　）。
   A. 资产的增加　　　　　　　　　　　B. 费用的增加
   C. 所有者权益的减少　　　　　　　　D. 负债的增加
10. 企业从外地购入一批原材料，双方协议用商业汇票结算，则应（　　）。
    A. 借记"在途物资"
    B. 借记"应交税费——应交增值税（进项税额）"
    C. 贷记"应付票据"
    D. 贷记"预付账款"
11. 记账凭证必须有（　　）等有关人员签章。
    A. 会计主管　　　B. 记账　　　　C. 单位负责人　　　D. 审核
12. 下列各项属于一次原始凭证的有（　　）。
    A. 购货发票　　　B. 收款收据　　C. 火车票　　　　D. 限额领料单
13. 总分类账户与明细分类账户的平行登记，主要概括为（　　）。
    A. 同金额登记　　　　　　　　　　　B. 同方向登记
    C. 同依据登记　　　　　　　　　　　D. 同期间登记
14. 采用划线更正错误的数字时，正确的做法是（　　）。
    A. 将错误数字全部划销　　　　　　　B. 只划销写错的个别数字
    C. 划销的数字，原有字迹仍能辨认　　D. 划销的数字应全部涂抹

15. 下列关于会计账簿启用的说法中，正确的有（　　）。
A. 启用会计账簿时，应在账簿封面上写明单位名称和账簿名称
B. 启用会计账簿时，应在账簿扉页上附启用表
C. 启用订本式账簿时，应当从第一页到最后一页顺序编定页数，不得跳页、缺号
D. 在年度开始，启用新账簿时，应把上年度的年末余额记入新账的第一行

（三）判断题（每题1分，共10分）

1. 会计主体为会计核算确定空间范围，会计分期为会计核算确定时间范围。（　　）
2. 会计除了核算和监督职能外，还有预测、决策、分析等职能。（　　）
3. 权责发生制和收付实现制两种不同会计基础的形成，是基于持续经营假设。（　　）
4. 费用一定会导致所有者权益的减少。（　　）
5. 收入是指企业在销售商品、提供劳务及让渡资产使用权等日常活动中所形成的现金或者银行存款的总流入。（　　）
6. 企业可以根据自身经营活动的实际情况，增加、减少或者合并某些会计要素。（　　）
7. 应收账款账户借方登记的是应收款项的增加数。（　　）
8. 凡是余额在借方的，都是资产类账户。（　　）
9. 企业利润的分配（或亏损的弥补）应通过"利润分配"科目进行。（　　）
10. 月末结转利润后，"本年利润"科目如为贷方余额，表示自年初至本月末累计实现的盈利。（　　）

（四）业务题（每题20分，共40分）

1. 汇丰公司2019年7月月末结账前的损益类账户余额见表6-15。

表6-15　汇丰公司2019年7月月末结账前的损益类账户余额

科目名称	借方发生额	贷方发生额
主营业务收入		420 000
其他业务收入		64 000
主营业务成本	275 000	
其他业务成本	50 000	
税金及附加	15 000	
销售费用	10 000	
管理费用	32 000	
财务费用	10 000	
投资收益		8 000
营业外收入		12 000
营业外支出	12 000	
所得税费用	24 420	

要求：根据上述账户余额，编制当月利润表（表6-16）。

表 6-16　利润表

会企02表

编制单位：汇丰公司　　　　　2019 年 7 月　　　　　　　　　　　　　　　单位：元

项　　目	本期金额	上期金额
一、营业收入	（1）	
减：营业成本	325 000	
税金及附加	15 000	
销售费用	10 000	
管理费用	32 000	
研发费用		
财务费用	10 000	
其中：利息费用	10 000	
利息收入		
加：其他收益		
投资收益（损失以"－"号填列）	（2）	
其中：对联营企业和合营企业的投资收益		
公允价值变动收益（损失以"－"号填列）		
资产减值损失（损失以"－"号填列）		
资产处置收益（损失以"－"号填列）		
二、营业利润（亏损以"－"号填列）	（3）	
加：营业外收入	12 000	
减：营业外支出	12 000	
三、利润总额（亏损总额以"－"号填列）	（4）	
减：所得税费用	24 420	
四、净利润（净亏损以"－"号填列）	（5）	
（一）持续经营净利润（净亏损以"－"号填列）		
（二）终止经营净利润（净亏损以"－"号填列）		
五、其他综合收益的税后净额	0	
（一）不能重分类进损益的其他综合收益		
1. 重新计量设定受益计划变动额		
2. 权益法下不能转损益的其他综合收益		
……		
（二）将重分类进损益的其他综合收益		
1. 权益法下可转损益的其他综合收益		
2. 可供出售金融资产公允价值变动损益		

续表

项　　目	本期金额	上期金额
3. 持有至到期投资重分类为可供出售金融资产损益		
4. 现金流量套期损益的有效部分		
5. 外币财务报表折算差额		
……		
六、综合收益总额	(5)	
七、每股收益：		
（一）基本每股收益		
（二）稀释每股收益		

2. 甲公司为制造企业，增值税一般纳税人。2019年7月份发生下列交易与事项：

（1）本月领用N材料60 000元用于生产W产品。

（2）本月领用M材料80 000元用于生产W、Y产品，并以W、Y产品产量为标准将M材料分配计入W、Y产品成本；本月W产品完工300件，Y产品完工200件。

（3）本月生产车间领用M材料24 000元，用于车间一般消耗。

（4）本月专设销售机构领用N材料15 600元。

（5）本月行政管理部门领用M材料12 000元。

要求根据上述资料进行下列计算分析：

（1）本月生产W产品的材料费用为（　　）元。

（2）编制业务（1）所述交易或事项的会计分录。

（3）编制业务（3）所述交易或事项的会计分录。

（4）编制业务（4）所述交易或事项的会计分录。

（5）编制业务（5）所述交易或事项的会计分录。（该题不要求设置明细科目）

练习题三

（一）单项选择题（每题1分，共20分）

1. 目前我国的行政单位会计采用的会计基础，主要是（　　）。
   A. 权责发生制　　　B. 应收应付制　　　C. 收付实现制　　　D. 统收统支制

2. 下列各项中，能对会计工作质量起保证作用的是（　　）。
   A. 会计核算　　　B. 会计监督　　　C. 会计计划　　　D. 会计记账

3. 下列经济业务中，会使企业月末资产总额发生变化的是（　　）。
   A. 从银行提取现金　　　　　　　　B. 购买原材料，货款未付
   C. 购买原材料，货款已付　　　　　D. 现金存入银行

4. （　　）是企业在销售商品、提供劳务等日常活动中所发生经济利益总流出。
   A. 支出　　　B. 应付账款　　　C. 成本　　　D. 费用

5. 下列会计科目中，属于损益类科目的是（　　）。
   A. 主营业务成本　　　B. 生产成本　　　C. 制造费用　　　D. 其他应收款

6. 符合资产类账户记账规则的是（　　）。
   A. 增加额记借方　　　　　　　　　　B. 增加额记贷方
   C. 减少额记借方　　　　　　　　　　D. 期末无余额
7. 企业对外销售商品，购货方未支付货款。下列关于会计处理的表述中，正确的是（　　）。
   A. 应计入"应收账款"科目的借方　　　B. 应计入"应收账款"科目的贷方
   C. 应计入"应付账款"科目的借方　　　D. 应计入"应付账款"科目的贷方
8. 会计恒等式是（　　）。
   A. 所有者权益＝收入－费用
   B. 资产＝负债＋所有者权益
   C. 资产＝负债＋所有者权益＋利润＋收入＋费用
   D. 利润＝收入－成本
9. 下列资产负债表项目中，应根据总账科目期末余额直接填列的是（　　）。
   A. 存货　　　　　B. 货币资金　　　　　C. 应收账款　　　　　D. 固定资产原价
10. 在一定时期内用一张原始凭证，连续不断登记重复发生的若干同类经济业的原始凭证是（　　）。
    A. 一次凭证　　　B. 累计凭证　　　C. 原始凭证汇总表　　　D. 汇总凭证
11. 某企业年初未分配利润为100万元，本年净利润为1 000万元，按10%计提法定盈余公积，按5%计提任意盈余公积，宣告发放现金股利为80万元，该企业期末未分配利润为（　　）万元。
    A. 855　　　　　B. 935　　　　　C. 870　　　　　D. 770
12. 下列不属于记账凭证基本内容的是（　　）。
    A. 日期、编号
    B. 接受凭证单位名称
    C. 经济业务事项所涉及的会计科目及其记账方向
    D. 附件张数
13. 下列有关单式记账凭证的说法正确的是（　　）。
    A. 单式记账凭证是指将每笔经济业务所涉及的全部会计科目及其内容在同一张记账凭证中反映的记账凭证
    B. 单式记账凭证是指将每笔经济业务所涉及的每一个会计科目及其内容分别独立地反映的记账凭证
    C. 其不便于会计分工记账以及按会计科目汇总
    D. 其便于反映经济业务的全貌以及账户的对应关系
14. 年终结账时，要在总账摘要栏内注明"本年合计"字样，结出全年发生额和年末余额，并在合计数（　　）。
    A. 上方通栏划单红线　　　　　　　　B. 下方通栏划单红线
    C. 上方通栏划双红线　　　　　　　　D. 下方通栏划双红线
15. 下列明细分类账中，应采用数量金额式账簿的是（　　）。
    A. 应收款项明细账　　　　　　　　　B. 管理费用明细账

C. 应付账款明细账 D. 库存商品明细账

16. 科目汇总表定期汇总的是（　　）。
 A. 每一账户的本期借方发生额 B. 每一账户的本期贷方发生额
 C. 每一账户的本期借、贷方发生额 D. 每一账户的本期借、贷方余额

17. （　　）是指对属于本单位或存放在本单位的全部财产物资进行的清查。
 A. 定期清查 B. 不定期清查 C. 全面清查 D. 局部清查

18. 下列项目会使银行日记账与银行对账单两者余额不一致的有（　　）。
 A. 未达账项 B. 银行对账单记账有误
 C. 单位银行存款日记账记账有误 D. 以上三项都有可能

19. 下列各项中，属于流动资产的是（　　）。
 A. 预付账款 B. 预收账款 C. 无形资产 D. 短期借款

20. 企业月末账簿余额中，"固定资产原价"为 1 000 000 元，"累计折旧"为 300 000 元，"固定资产减值准备"100 000 元，则资产负债表中"固定资产"项目金额为（　　）元。
 A. 1 000 000 B. 700 000 C. 600 000 D. 650 000

（二）多项选择题（每题 2 分，共 30 分）

1. 资金退出是资金运动的终点，下列属于资金退出的业务有（　　）。
 A. 偿还银行借款 B. 支付发行债券的利息
 C. 缴纳增值税 D. 给股东分配现金股利

2. 我国《企业会计制度》规定，会计期间分为（　　）。
 A. 年度 B. 半年度 C. 季度 D. 月度

3. 下列各项中，属于负债的有（　　）。
 A. 短期借款 B. 应交税费 C. 预收账款 D. 预付账款

4. 资产按变现或耗用时间的长短，可分为（　　）。
 A. 流动资产 B. 非流动资产 C. 其他资产 D. 固定资产

5. 会计科目按其所归属的会计要素不同，可分为资产类、（　　）。
 A. 所有者权益类 B. 负债类 C. 损益类 D. 成本类

6. 总分类账户余额试算平衡表中的平衡关系有（　　）。
 A. 全部账户的本期借方发生额合计＝全部账户的本期贷方发生额合计
 B. 全部账户的期初借方余额合计＝全部账户的期末贷方余额合计
 C. 全部账户的期初借方余额合计＝全部账户的期初贷方余额合计
 D. 全部账户的期末借方余额合计＝全部账户的期末贷方余额合计

7. 工业企业的资金运动表现为（　　）三部分。
 A. 资金的投入 B. 资金的循环与周转 C. 资金的偿还 D. 资金的退出

8. 会计核算的基本前提主要包括（　　）。
 A. 会计主体 B. 持续经营 C. 会计分期 D. 货币计量

9. 下列各项中，应计入营业外支出的有（　　）。
 A. 非常损失 B. 罚款支出
 C. 公益性捐赠支出 D. 非流动资产处置损失

10. 某企业销售产品一批，价款 50 000 元，增值税 6 500 元，货款收回存入银行，这笔

经济业务涉及的账户有（　　）。

　　A. "银行存款"账户

　　B. "应收账款"账户

　　C. "主营业务收入"账户

　　D. "应交税费——应交增值税（销项）"账户

11. 按照记账凭证的审核要求，下列内容中属于记账凭证审核内容的有（　　）。

　　A. 会计科目使用是否正确

　　B. 凭证项目是否填写齐全

　　C. 凭证所列事项是否符合有关的计划和预算

　　D. 凭证的金额与所附原始凭证的金额是否一致

12. 关于会计凭证，以下说法正确的是（　　）。

　　A. 会计凭证按填制程序和用途不同可分为原始凭证和记账凭证

　　B. 原始凭证是登记账簿的直接依据

　　C. 会计凭证是编制会计报表的依据

　　D. 记账凭证是根据审核无误的原始凭证编制的

13. 导致企业财产物资账存数与实存数不符的主要原因有（　　）。

　　A. 财产物资发生自然损耗　　　　　　B. 财产物资收发计量有差错

　　C. 财产物资毁损、被盗　　　　　　　D. 账簿记录重记、漏记

14. 下列各项中，属于总分类账户与明细分类账户平行登记的要点有（　　）。

　　A. 同金额　　　　B. 同方向　　　　C. 同摘要　　　　D. 同期间

15. 下列说法中正确的有（　　）。

　　A. 备查账簿可以连续使用

　　B. 会计年度终了后，会计账簿暂由本单位财务会计部门保管一年，期满之后，由财务会计部门编造清册移交本单位的档案部门保管

　　C. 固定资产明细账因年度内变动不多，新年度可不必更换账簿

　　D. 在新旧账户之间转记金额不需填制凭证

（三）判断题（每题1分，共10分）

1. 会计主体假设明确界定了从事会计工作和提供会计信息的空间范围。（　）

2. 我国的行政单位会计一般采用收付实现制，事业单位会计除经营业务可以采用权责发生制以外，其他大部分业务采用收付实现制。（　）

3. 会计职能只有两个，即核算与监督。（　）

4. 费用类账户一般没有余额，如有，应在借方。（　）

5. 按公允价值进行会计计量，是指资产和负债按照在公平交易中，不熟悉情况的交易双方自愿进行资产交换或者债务清偿的金额计量。（　）

6. 设置会计科目的相关性原则是指所设置的会计科目应当符合国家统一的会计制度的规定。（　）

7. 复式记账法是指对发生的多个经济业务，分别在两个或两个以上的账户中进行登记的一种记账方法。（　）

8. "固定资产"账户的期末借方余额，反映期末实有固定资产的净值。（　）

9. 现金日记账和银行存款日记账都属于特种日记账。（   ）
10. "固定资产"账户属于资产类账户，用以核算企业持有的固定资产原价。（   ）

（四）业务题（每题20分，共40分）

1. 资料：甲公司2019年6月月末部分账户资料见表6-17。

表6-17　甲公司2019年6月月末部分账户资料

单位：元

账户名称	借方余额	贷方余额
库存现金	2 600	
银行存款	50 000	
其他货币资金	6 000	
应收账款	524 900	
坏账准备		26 245
原材料	32 000	
周转材料	3 000	
生产成本	7 000	
固定资产	1 410 000	
累计折旧		282 000

要求：根据以上资料计算下列资产负债表项目的期末余额。

（1）"货币资金"项目期末余额为（   ）元。

（2）"应收账款"项目期末余额为（   ）元。

（3）"固定资产"项目期末余额为（   ）元。

（4）"存货"项目期末余额为（   ）元。

（5）"流动资产合计"项目期末余额为（   ）元。

2. 甲公司2012年成立，2019年年初的"利润分配——未分配利润"账户的借方余额为300 000元，2019年实现利润总额743 000元，法定盈余公积的提取比例为10%，不提取任意盈余公积。甲公司决定向股东分配利润66 450元。甲公司适用的企业所得税税率为25%，2019年无纳税调整。

要求：

（1）计算2019年甲公司应交的所得税为（   ）元。

（2）计算2019年甲公司的可供分配利润为（   ）元。

（3）计算2019年甲公司应提取的法定盈余公积为（   ）元。

（4）编制甲公司2019年提取法定盈余公积的会计分录。

（5）编制甲公司2019年决定向股东分配利润的会计分录。

（该题不要求设置明细科目）

参 考 文 献

[1] 袁三梅,曾理. 基础会计 [M]. 北京:北京理工大学出版社,2014.
[2] 胡强. 会计基础 [M]. 北京:中国财政经济出版社,2013.
[3] 陈文铭. 基础会计习题与案例(第四版) [M]. 大连:东北财经大学出版社,2015.
[4] 全国会计从业资格考试研究中心. 全国会计从业资格考试专用习题集 [M]. 北京:人民邮电出版社,2015.
[5] 薛跃,严玉康. 基础会计学教程习题集(第二版) [M]. 上海:立信会计出版社,2011.
[6] 刘中华,唐亚娟. 基础会计习题与解答 [M]. 北京:经济科学出版社,2013.
[7] 李海波,蒋瑛. 新编会计学原理——基础会计习题集 [M]. 上海:立信会计出版社,2014.
[8] 瞿灿鑫,王珏. 基础会计——教学指导用书. 上海:上海财经大学出版社,2009.
[9] 陈文铭,陈艳. 基础会计习题与案例 [M]. 大连:东北财经大学出版社,2013.
[10] 高香林. 基础会计 [M]. 北京:高等教育出版社,2014.
[11] 崔智敏,陈爱玲. 会计学基础 [M]. 北京:中国人民大学出版社,2014.
[12] 程淮中. 基础会计 [M]. 北京:高等教育出版社,2012.
[13] 田家富. 基础会计 [M]. 北京:高等教育出版社,2014.
[14] 张蕊. 会计学原理(第四版) [M]. 北京:中国财政经济出版社,2013.
[15] 中国注册会计师协会. 会计 [M]. 北京:中国财政经济出版社,2015.